高等职业教育交通土建类专业教材

道桥工程施工组织与管理

主　编　李书艳
副主编　范炳娟　王东博

北京理工大学出版社
BEIJING INSTITUTE OF TECHNOLOGY PRESS

内容提要

本书依据市政与道桥行业职业认识规律，以编制道路施工组织设计文件为主线进行编写。本书以实际工程项目为载体，明确知识定位，打破原有的理论课程模式，通过完成具体项目施工组织设计文件的过程中来构建本课程所需的理论知识，并培养学生市政及道桥施工企业项目管理的职业能力。本书选取了路基工程、路面工程、桥梁工程中典型的项目，并将其依据施工组织文件的内容划分为若干个施工任务及子任务，其主要内容包括制订施工方案、编制施工进度、编制资源需要量计划、绘制施工平面图、编制施工技术组织措施、施工进度控制等，并在每个任务后附有学生工作页及实际案例。

本书可作为高职高专院校市政工程技术及道路桥梁工程技术等相关专业的教材，也可作为市政及道桥类工程技术人员的培训教材或自学用书。

版权专有　侵权必究

图书在版编目（CIP）数据

道桥工程施工组织与管理 / 李书艳主编. —北京：北京理工大学出版社，2020.3（2024.1 重印）

ISBN 978-7-5682-8162-1

Ⅰ.①道… Ⅱ.①李… Ⅲ.①道路施工－施工组织　②道路施工－施工管理　Ⅳ.①U415

中国版本图书馆CIP数据核字（2020）第028823号

责任编辑 / 陈莉华	**文案编辑** / 封　雪
责任校对 / 周瑞红	**责任印制** / 边心超

出版发行 / 北京理工大学出版社有限责任公司
社　　址 / 北京市丰台区四合庄路6号
邮　　编 / 100070
电　　话 /（010）68914026（教材售后服务热线）
　　　　　　（010）68944437（课件资源服务热线）
网　　址 / http://www.bitpress.com.cn
版 印 次 / 2024年1月第1版第3次印刷
印　　刷 / 北京紫瑞利印刷有限公司
开　　本 / 787 mm×1092 mm　1/16
印　　张 / 13
字　　数 / 283千字
定　　价 / 49.00元

图书出现印装质量问题，请拨打售后服务热线，负责调换

前 言

施工组织设计文件编制能力及施工现场的管理能力是施工及管理人员必须具备的专业核心能力。通过对本教材的学习,学生能够对原始数据及资料进行分析,收集有价值的信息并进行整理、比较和归纳,制定切实可行的施工方案,编制施工进度计划及资源计划并根据实际情况进行控制与调整,在此基础上进行方案比选及优化,根据现场情况绘制施工平面图,编制施工技术组织措施,掌握现代市政工程及道桥工程施工中必须具备的施工组织与管理的基本知识与技能,为从事市政与道桥建设工作及成为高级技术技能型人才打下坚实基础。

本教材以施工组织设计文件的编制过程为主线,采用项目化学习方式,结合实际工程,以施工组织设计理论为基础,以综合文件编制为核心,突出培养职业能力与应用能力,以满足交通行业对施工技术人员的要求。本教材分别以三个项目为主线,涉及施工组织设计中的施工方案、施工进度计划、资源需要量计划、施工技术组织措施等几个部分。项目一主要介绍路基工程施工方案编制要点、流水施工进度绘制;项目二主要介绍路面工程施工方案编制要点、流水施工进度绘制、路面工程资源需要量计划编制、路面工程施工平面图绘制;项目三主要介绍桥梁工程施工方案编制要点、施工进度网络计划编制、桥梁工程资源需要量计划编制、桥梁工程施工平面图绘制、施工技术组织措施编制。本教材较全面且系统地阐述了道桥工程施工组织设计文件的编制方法与过程,涉及了施工组织设计文件的大部分内容,同时注重理论与实践结合,注重学习综合能力的提升,学生工作页可以为教师组织教学、学生自学提供一定帮助。本教材应用实例丰富,使学习者对道桥工程施工组织设计的相关知识有较为全面且深入的理解。

本教材将原有理论知识体系中所有分块完成的内容全部拆分整合,内容编排顺序以编制道桥工程施工组织设计内容为主线,选取了路基工程、路面工程、桥梁工程三个项目,学习者对每一项目的完成都是对编制施工组织设计全过程的体验,且每个项目之后均设置相应案例帮助学习者加深理解,巩固所学知识。本教材依据国家最新的行业标准、规范及规程进行编写,具有一定的先进性;以施工任务和案例为依托,整合以往教材章节式的授课内容,具有实践性;结合市政教学资源库及精品资源共享课,嵌入二维码,实现信息化和立体化，具有一定的创新性。

本书由辽宁城市建设职业技术学院李书艳担任主编，由辽宁城市职业技术学院范炳娟、王东博担任副主编，具体编写分工为：李书艳编写项目二及项目三中的任务一、任务二、任务五，范炳娟编写项目一，王东博编写项目三中的任务三、任务四。

由于编者水平有限，教材中难免有差错、疏漏之处，敬请同行专家及广大读者批评指正。如读者在使用本书的过程中有其他意见或建议，恳请向编者（67546669@qq.com）提出宝贵意见。

编　者

目 录

项目一　路基工程施工组织设计······1

任务一　制订路基工程施工方案······1
　一、拟建工程概况······1
　二、施工方案的组成内容······2
　三、制订施工方案的步骤和方法······3
　四、机械化施工的作业方式与施工特点······4
　五、制订拟建工程的施工方案······4
　学生工作页······9

任务二　编制施工进度计划······12
　子任务一　编制有节拍流水施工进度计划（全等节拍）······12
　　一、施工进度计划的主要内容······12
　　二、施工进度横道图······12
　　三、施工进度计划基本作业方法······13
　　四、流水施工组织原理······15
　　五、全等节拍流水施工进度横道图的组织步骤及绘制方法······16
　学生工作页······21
　子任务二　编制有节拍流水施工进度计划（成倍节拍流水及分别流水）······23
　　一、成倍节拍流水作业······23
　　二、分别流水作业······25
　学生工作页······27

　子任务三　编制无节拍流水施工进度计划······28
　　一、无节拍流水的特点······28
　　二、绘制无节拍流水施工进度图······28
　　三、施工进度横道图的特点······31
　学生工作页······32
　子任务四　确定施工次序······33
　学生工作页······39

任务三　施工进度控制（横道图比较法）······41
　一、施工进度计划的检查······41
　二、横道图比较法······41

案例　某公路路基工程施工组织设计（部分节选）······43

项目二　路面工程施工组织设计······53

任务一　制订路面工程施工方案······53
　一、工程概况······53
　二、施工方案······54
　三、拟建工程施工方案······54

任务二　编制施工进度计划······61
　子任务一　编制无节拍流水施工进度计划（潘特考夫斯基法）······62
　学生工作页······65

子任务二　编制无节拍流水施工
　　　　　　进度计划斜线图……………67
　　　　一、斜线图的概念………………………67
　　　　二、斜线图的常用格式…………………67
　　　　三、斜线图的特点………………………67
　　　　四、斜线图的绘制………………………67
　　学生工作页……………………………………69
任务三　施工进度计划控制
　　　　　　（曲线法）……………………71
任务四　编制资源需要量计划……………72
　　子任务一　劳动力需要量计划…………72
　　　　一、施工进度计划与资源需要量计划的
　　　　　　关系……………………………………72
　　　　二、资源供应计划的编制原则…………73
　　　　三、资源供应计划的编制依据…………73
　　　　四、劳动组织方式………………………74
　　　　五、施工作业班组设置及其组织优化…74
　　　　六、施工队的设置及其劳动组织优化…75
　　　　七、计算劳动力需要量…………………75
　　　　八、编制劳动需要量计划表……………76
　　学生工作页……………………………………77
　　子任务二　施工机具与设备需要量
　　　　　　　计划……………………………78
　　　　一、机械化施工组织与施工过程组织的
　　　　　　区别……………………………………78
　　　　二、机械化施工组织的内容……………78
　　　　三、主要机械需要量计划的编制………79
　　学生工作页……………………………………86
　　子任务三　材料需要量计划……………88
　　　　一、材料需要量的计算方法……………88
　　　　二、主要材料需要量的计算步骤………89
　　　　三、主要材料需要量计划的编制………90

任务五　绘制施工平面图………………91
　　一、施工平面布置的意义与作用…………91
　　二、施工平面布置的原则…………………92
　　三、施工总平面布置的依据………………92
　　四、施工总平面布置的内容………………93
　　五、施工总平面布置的步骤………………93
　　六、施工总平面布置图的绘制方法和内容…94
案例　某路面工程施工组织设计………96

项目三　桥梁工程施工组织设计……114
任务一　制订桥梁工程施工方案………114
　　一、工程概况及主要工程数量……………114
　　二、桥梁工程施工方案……………………115
任务二　编制施工进度计划……………121
　　子任务一　绘制双代号网络计划图……121
　　　　一、网络计划技术的基本原理…………122
　　　　二、网络计划技术的特点………………122
　　　　三、双代号网络计划图…………………123
　　学生工作页……………………………………133
　　子任务二　计算双代号网络图
　　　　　　　时间参数………………………134
　　　　一、工作时间参数计算…………………134
　　　　二、工作时差的计算……………………136
　　　　三、关键线路及其确定…………………138
　　学生工作页……………………………………139
　　子任务三　绘制双代号时标网络图……140
　　　　一、时标坐标网络计划…………………140
　　　　二、时间坐标网络计划的适用情况……140
　　　　三、时间坐标网络计划的特点…………140
　　　　四、绘制时标网络图……………………141
　　学生工作页……………………………………144
　　子任务四　绘制单代号网络图…………145

一、单代号网络图的组成 …………… 145
　　二、单代号网络计划图的绘图规则 …… 145
　　三、单代号网络图中工序之间
　　　　逻辑关系的表示方法 …………… 146
　　四、单代号网络图的绘制方法 ………… 147
　学生工作页 …………………………………… 148
任务三　优化双代号网络图计划 ……… 149
　学生工作页 …………………………………… 151
任务四　编制资源需要量计划 ………… 152
　　一、劳动力需要量计划 ………………… 152
　　二、施工机具与设备需要量计划 ……… 152
　　三、材料需要量计划 …………………… 154
任务五　编制施工技术组织措施 ……… 155
　子任务一　编制施工进度技术组织
　　　　　　措施 …………………………… 155
　　一、施工技术组织措施的作用 ………… 155
　　二、影响施工进度的主要因素 ………… 156
　　三、施工进度技术组织措施内容 ……… 157
　　四、本项目的施工进度技术组织措施 … 157

　子任务二　编制施工质量技术组织
　　　　　　措施 …………………………… 159
　　一、影响工程质量的主要因素 ………… 159
　　二、施工质量技术组织措施的主要内容 … 159
　　三、本项目施工质量技术组织措施 …… 160
　子任务三　编制施工安全技术组织措施 … 165
　　一、安全控制的方针与目标 …………… 165
　　二、影响施工安全的主要因素 ………… 165
　　三、施工安全技术组织措施的内容 …… 166
　　四、预防事故的措施 …………………… 167
　　五、本项目施工安全技术组织措施 …… 167
　子任务四　编制施工环境技术组织
　　　　　　措施 …………………………… 172
　　一、施工环境保护的意义 ……………… 172
　　二、施工环境技术组织措施内容 ……… 172
　　三、本项目施工环境技术组织措施 …… 173
案例　某桥梁施工组织设计 …………… 176
参考文献 ……………………………………… 200

项目一　路基工程施工组织设计

路基工程施工组织设计，是在路基施工之前编制的实施性文件，主要包含路基施工方案、施工进度计划等方面，为路基施工过程提供相关的技术指导。本项目以实际路基工程施工为载体，介绍了施工方案的编制方法、施工进度横道图的绘制方法和施工进度控制（横道图比较法）。

任务一　制订路基工程施工方案

知识目标

1. 了解施工方案的含义及其内容；
2. 掌握选择施工方法应考虑的因素；
3. 掌握选择施工方法的原则及依据；
4. 掌握施工机械的选择方法；
5. 掌握施工机械的组合方法。

能力目标

1. 能根据工程概况选择正确的施工方法；
2. 能根据施工方法合理配置施工机械；
3. 能编制路基工程施工方案。

一、拟建工程概况

拟建工程标段起点桩号为 K38+500，终点桩号为 K44+947，全长约为 44.947 km，双向四车道高速公路，路基宽度为 26 m，设计速度为 100 km/h，沥青混凝土路面结构，本合同段的范围及主要工程数量见表 1.1。

表 1.1　主要工程数量表

合同段号	起讫桩号	路线长度/km	主要工程量/万 m³		备注
			挖方	填方	
WYTJ4	K38+500～K44+947	6.447	86.25	81.68	

1. 地形地貌

主要地形为丘陵地貌，地表水发育，植被极其茂盛。

2. 气象

项目区地处热带，属湿润季风气候区，高温多雨，年平均气温为24 ℃，雨量充沛，年平均降雨量为2 000~2 400 mm，丘陵及低山区段年平均降雨量大于2 400 mm，雨水多集中于6~10月；台风入侵高峰期为8~9月，属于台风主要路经区，雨季多热雷雨和台风雨，气象多变。全年日照时间长，辐射能量大，年平均强照时数在2 000 h以上，太阳辐射量可达11万~12万卡。常年以东南风和东风为主，年平均风速为3.4 m/s。

二、施工方案的组成内容

施工方案是指对工程项目所作的总体安排和设想，是根据建设目标和工期要求，对施工技术与方法以及施工资源配置所进行的统筹规划。拟订施工方案是编制各类施工组织设计时首要解决的问题。

施工方案是根据一个施工项目指定的实施方案。其中包括组织机构方案（各职能机构的构成、各自职责、相互关系等）、人员组成方案（项目负责人、各机构负责人、各专业负责人等）、技术方案（进度安排、关键技术预案、重大施工步骤预案等）、安全方案（安全总体要求、施工危险因素分析、安全措施、重大施工步骤安全预案等）、材料供应方案[材料供应流程、接保检流程、临时（急发）材料采购流程等]，另外，根据项目大小还有现场保卫方案、后勤保障方案等。施工方案是根据项目确定的，一些简单、工期短的项目不需要制订复杂的方案。

施工方案是工程项目施工技术、组织手段和相应资源的有机组合，一般由施工方法确定、施工机械选择和施工顺序安排及施工作业方式四部分内容所构成。在编制不同阶段的施工方案时，侧重面不同，在对施工技术、组织方法和资源配置的描述方面，其详细程序也不一样。如设计阶段的施工方案，主要根据建设项目的建设目标进行规划，侧重于对施工技术方法与施工资源配置（包括人力资源、机械设备、材料及建设资金等）的可行性进行编制，其主要内容如下：

(1)施工方案说明；

(2)人工、主要材料及机具设备安排表；

(3)工程概略进度图（根据施工方案、施工条件及工期目标概略安排）；

(4)临时工程一览表。

招投标及施工阶段的施工方案，主要根据工程属性、施工条件、业主的建设目标和要求（工期和质量），以及相应的施工技术规范编写，主要对工程项目的生产过程进行计划、组织与安排。在保证施工技术方法可行性的基础上，更多地要考虑施工方案的技术先进性与经济性。这一阶段的施工方案在施工技术、生产组织与计划的细节方面，比设计阶段的施工方案描述得更具体、更详尽。其主要内容如下：

(1)编制依据;

(2)分部分项工程(侧重关键与特殊工程)概况与施工条件;

(3)施工总体安排,包括施工准备、施工管理、生产机构建立、施工总平面布置、施工部署、现场布置等内容;

(4)施工方法,包括工艺流程、施工工序及施工技术规范等;

(5)施工机械选择,根据施工方法选择施工机械,合理进行机械组合与匹配;

(6)施工组织方法,包括施工作业方法、施工作业次序;

(7)质量控制标准与措施;

(8)安全文明施工、消防和环保措施。

三、制订施工方案的步骤和方法

制订施工方案是一个较为复杂的系统工程。通常应首先以主导或关键工程为主,考虑关联因素,对施工条件和施工现场的自然因素进行深入细致的调查。其次,在掌握第一手资料和全面了解工程项目的工程属性的情况下,由施工单位的技术主管部门召集有关技术人员,根据业主对工期与质量的要求,结合施工企业的机械装备和技术实力,对主导和关键工程项目的施工方法进行可行性研究和评议,并对各种可行的施工方法,在施工技术和施工组织方面进行可行性和经济性评估,从中选定切实可行的施工方法。主导或关键工程项目的施工方法一经确定,就需深入细致地分析其基本生产过程的工序以及工艺顺序,确定施工作业次序。最后,根据工序和施工顺序,进行合理的机械选型与配套,并配置其他施工资源,据此编制施工方案。

编制施工方案是一项先关键后辅助、先主体后局部、先框架后细部,且逐步深入细化的工作,一般按以下步骤进行:

(1)准备工作。

1)熟悉招标文件及其工程量清单的主要内容,明确合同工期及分部分项工程项目的技术规范与质量要求;

2)阅读施工图设计文件,了解设计意图并核对分部分项工程项目的技术规范与质量要求;

3)准备相关施工技术规范与标准;

4)现场踏勘,熟识地形地貌,核验水文地质条件,了解工程所在地气象、气候条件;

5)进行施工资源调查,摸清工程所在地可供利用的人力、设备等资源状况;

6)进行必要的辅助工作,试验、勘测等。

(2)确定关键工程、主导工序和特殊工程的施工方法。施工方法与施工机械的选择是相辅相成的关系。由于施工单位一般均已拥有相应的配套机械与设备,通常以满足业主的工期和质量要求为主,先确定施工方法,后配置机械设备和人力资源;但技术复杂的工程往往受施工条件和施工企业的装备与成熟经验所制约,有时以机械为主选择施工方法。确定施工方法时不仅要考虑施工对象的工程属性、结构类型、施工条件、水文地质条件、气候气象条件等因素,还要结合施工企业的技术与设备优势,满足业主的工期和质量要求。

(3)确定关键工程的特殊工程的施工顺序和作业方式。对同一工程项目,施工方法不同,其工序和工艺顺序也不同。因此,应针对选定的施工方法,仔细分析其基本生产和辅助生产过程的关系,并将其基本生产过程进行过滤与分解,以便详尽地确定关键工程与特殊工程的工序及工艺顺序,进而以工艺框图的形式排定施工作业次序;在分析各工序的逻辑关系后,列出分部分项工程项目,确定施工顺序。根据业主的工期要求和施工条件确定分部分项工程的作业方式。

(4)选择施工机械、配置及其他施工资源。根据施工顺序及各分部分项工程的工程量及工程内容,结合业主的工期要求和施工条件,采用定额法或经验法选择施工机械,配置施工资源。

(5)编制方案说明和详细的施工技术方案,含工艺框图和详细的施工技术要求与方法。

(6)建立质量管理体系,根据技术规范和质量要求,按《公路工程质量检验评定标准 第一册 土建工程》(JTG F80/1—2017)拟定并编写质量控制目标与措施。

(7)根据《公路工程施工安全技术规范》(JTG F90—2015)和《公路环境保护设计规范》(JTG B04—2010)等相关规范拟定并编写安全文明施工、消防和环保措施。

四、机械化施工的作业方式与施工特点

机械化施工具有两种形式,即单机机械化作业方式和综合机械化作业方式。无论以何种方式作业,机械化施工都具有以下特点:

(1)施工机械能够完成人力所不及或具有一定风险性的施工作业。自然条件和施工条件虽然是影响机械化施工效果的关联因素,但在特殊的自然条件和施工环境中,人力达不到的质量要求或人工作业存在一定风险的施工任务,均可通过机械作业完成,并可达到预期的效果。

(2)施工机械可从根本上改变劳动条件。只要有可能,采用机械化施工便可彻底改善劳动条件,提高生产力水平。

(3)施工机械可以大幅度提高劳动生产率。机械施工与人力劳动相比,其生产效率可提高几十倍甚至上百倍。

(4)施工机械机动灵活。机械化作业的活动范围大,有效工作半径长,移动方便、迅速,可以针对作业量较大的施工任务长时间进行连续作业,还能适应流动性大的工程施工。

五、制订拟建工程的施工方案

1. 施工工艺

路基挖方施工工艺如图1.1所示,路基填筑施工工艺如图1.2所示。

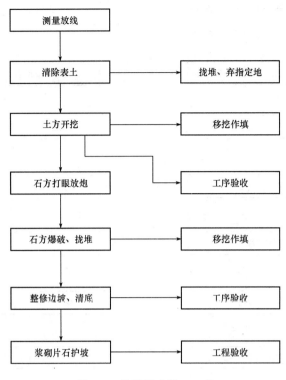

图1.1 路基挖方施工工艺

2. 施工技术

(1)测量放样。交桩后按设计桩位放出中心线及边坡线,测出原地面标高。施工中每层测量保证每层的标高、宽度、厚度符合要求。

(2)清理表土。按路线从路中心位置向路两边清除杂土,厚度在30~50 cm,保证把杂草树根清理干净,打堆集中运至弃土场堆放。

(3)土方开挖。清表完成后,进行开挖边坡界线放样,测量放样出开挖边坡顶的实地高程,计算出开挖边界点与路基设计高程的高差,并根据设计各个台阶坡面的坡率及实际高差测放出开挖边界线,放样定位完成后采用竹桩做好标记,并在相邻的两根竹桩之间拉上红线,便于在开挖时辨别开挖界线。路基土方开挖工作采用挖掘机在已定好的开挖边界的范围内进行作业,对于无法用挖掘机开挖的坚石,采用爆破的形式进行开炸。

1)土方开挖的施工顺序为:在路线的纵方向上从与填方交接的地方开始向里进行开挖,横向由路中心向两侧,从上到下进行开挖,在一段路程上一台阶开挖、开炸、刷坡完毕后,方能进行下一台阶的开挖。另外,在下一台阶开挖之前必须由现场监理验收好上一台阶的坡率,并由测量班测放出下一台阶的边界线,方可进行下一台阶的开挖。

2)土方开挖注意事项如下:

①在开挖前,做好施工便道的修筑,用于自卸汽车及其他施工机械行走,并做好施工便道的排水,以防止积水,为了确保行车安全,对于高差较大的山坡上的便道,应做到便

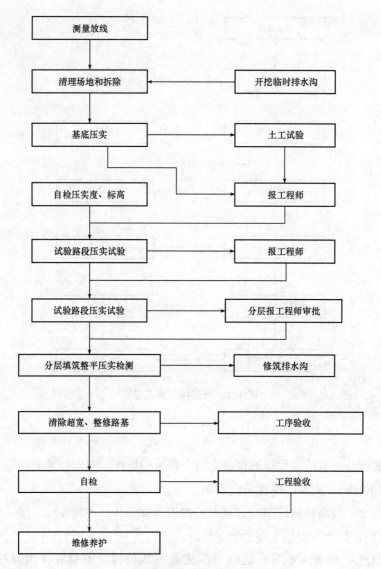

图 1.2 路基填筑施工工艺

道坡度不超过10%。

②挖掘机作业时,必须有一名现场管理员在旁指挥司机,以保证边坡坡率的准确性,杜绝开挖坡率比设计坡率陡的现象发生。

③为防止边坡受到积水的侵蚀而产生塌方现象,在挖方边界的范围内拉排水沟,做好排水工作。

④在开挖过程中,应严格管理确保施工安全,在挖掘机的回旋半径范围内不得站人;对施工机械做到定期检查,防止发生事故。

(4)石方开挖。石方开挖采用光面爆破、推土机配合挖掘机挖除,临近边坡部位和开挖厚度小于2 m的部分采用微差爆破,可少爆10~20 cm,机械配合人工整修,不得超爆。爆破施工工艺及施工方法如下:

1)开挖潜孔钻平台。对于山坡地段应用手风钻钻孔进行小爆破,然后用推土机推平,为潜孔钻车制造钻孔平台。

2)炮孔布置。对于半填半挖的路堑多采用半壁路堑开挖,以纵向台阶法布孔即平行线路方向布孔,横坡度比较小的路堑以横向台阶法布孔即与线路垂直的倾斜孔。在平面上,采用梅花型布孔,对孔距 a、排距 b 根据不同的底盘抵抗线和深度进行设计。

3)钻孔。当开挖深度小于 2 m 时,用手风钻钻孔;当开挖深度大于 2 m 时,用潜孔钻机钻孔。钻孔深度为开挖深度加超深值,超深值根据开挖深度确定,一般为 0.5~1.0 m。

4)钻孔检查。装药前检查孔径、深度、倾角是否符合设计要求,孔内有无堵塞、孔内是否积水。

5)装药。单孔装药量:Q=孔距 a×排距 b×开挖深度 H×单耗 K。第一次单耗一般按经验选取并进行试验,根据爆破效果调整,一般单耗为 0.2~0.5 kg/m^3。按计算出的单孔装药量,由技术人员在现场逐孔分配炸药,然后由专业炮工进行装药。装药时边装边用木质炮棍进行捣顺,以防堵孔,当装到二分之一时,将雷管装入炮孔,再将剩余药量装完。

6)填塞。材料一般利用钻孔时排出的钻渣,不足时可用素土边填边用炮棍捣实,捣土时宜将导爆管紧贴孔壁,以防拉断,填塞材料中不能掺有石块等坚硬材料,以防爆破飞石。

起爆前仔细检查起爆网路,不得有漏连的雷管或线路连接错误,避免造成哑炮,检查无误后,发出警报信号起爆。

7)爆破效果评估。起爆后,爆破员进入现场,对照设计进行检查,边坡是否符合设计要求,爆堆,坡度是否满足施工要求,与设计不符时应及时调整方案,直至符合要求。

(5)爆破的安全措施。爆破警戒必须由专人负责,爆破前进行清场工作,除爆破员外的所有人员必须撤离到危险区以外。对通向爆破点的道路设置警戒人员,爆破后确认安全才能撤除警戒。

(6)土方填筑。基底原状土的平整、碾压先用平地机进行基底土的平整,平整度符合技术规范要求,平整时应注意路基范围内的横坡的形成,以保证填土路基顶面的排水,减少由雨水带来的侵害,确保路基的质量;再用 20 t 的振动压路机进行碾压,碾压时要求速度不宜过快,碾压时的压路机时速应为 2~2.5 km/h。

分层碾压,在路基基底压实度验收合格后,进行路堤的分层填筑。

路堤填筑采用水平分层逐层向上填筑的方法,由路中央向两边进行;土方填筑时,松铺厚度按已确定的数据进行控制且不大于 25 cm;石方填筑时,松铺厚度按已确定的数据进行控制且不大于 50 cm,填方两侧每层填料铺设的宽度应超过设计宽度 30~50 cm,压实宽度不得小于设计宽度,以保证完工后的路堤边缘有足够的压实度;填筑时,路堤边沟护坡道的填筑与路堤土层一起填筑;在回填时应从最低洼处填起,每填完一层,碾压一层,经过检测符合设计规范要求后,方可填筑下一层。要求每填完一层,均要进行边桩复测,以保证每层路基宽度。如果土源发生变化,应按同样的施工工序进行。

(7)特殊路基处理。软湿土处理:根据现场地质调绘和钻探报告,本工程部分路段有软湿土,主要存在于山间大型冲沟底部、山间坳地及水稻田路段,该软湿土含水量高,压缩性大,呈软塑,土质物理性能差,难以达到路基压实度要求。首先排除积水,彻底清除软湿土并晾晒后用封闭式运输车运至指定弃土场(不得作为路基填方使用),然后在路基征地范围内换填碎石土,碎石土的含石量不小于50%,每层压实厚度不大于20 cm,采用重型振动压路机碾压,压实遍数为4~6遍,压实度不小于90%,对每层回填碎石土的厚度、压实度、高程及压实度进行检验,合格后进入下层回填。

学生工作页

学习目标

1. 能独立完成封面、目录、编制依据和工程概况的编写；
2. 了解工程概况包含的内容；
3. 能从图纸、合同等项目资料中找到相关知识完成工程概况；
4. 能使用 Word 排版。

学习过程

一、结合老师给出的案例、教材及网络信息，按顺序写出路基工程施工组织设计文件包含的内容

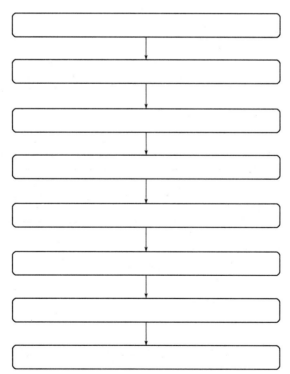

二、完成封面、目录、编制依据的编写

(1)封面一般应包括单位工程名称、单位工程施工组织设计字样、编制单位、编制时

间、编制人、审批人等，还可以在封面上打上企业标识。

(2)目录可以让使用者了解施工组织设计各部分的组成，快速而方便地找到所需的内容。其主要包括工程合同、施工图纸、技术图集和所需要的标准、规范、规程等，一般应用表格列明。

(3)请列出路基工程施工组织设计编制所依据的文件，并填写附表。

路基工程施工组织设计编制所依据的文件

序号	标准名称	编号
	规范	
	标准	
	法规	

三、填写工程概况表

工程概况表

序号	项目	内容
1	工程名称	
2	工程地点	
3	建设单位	
4	设计单位	
5	质量监督	
6	施工总包	
7	施工范围	
8	施工工期	
9	质量目标	

任务二　编制施工进度计划

知识目标

1. 了解施工进度计划编制的原则、依据和作用；
2. 掌握施工进度的表示方法；
3. 掌握流水作业的组织方式；
4. 掌握流水施工主要参数的计算方法；
5. 掌握施工进度横道图的绘制方法。

能力目标

1. 能根据施工方案选择合适的作业组织方式；
2. 能根据工期等要求计算流水施工的主要参数；
3. 能绘制路基工程施工进度横道图。

子任务一　编制有节拍流水施工进度计划（全等节拍）

一、施工进度计划的主要内容

施工进度计划按照施工方法及施工过程进行编制，施工过程按照施工内容与要求确定范围。一般制订合同段的总进度计划，应以分部分项工程为主来列项，而编制分部分项工程的进度计划时，则以工序为主来列项进行时间组织。

施工进度计划是施工过程组织的核心，其内容主要包括以下几项：

(1)根据拟定的施工方法和工程属性合理选择施工方式，科学安排施工顺序；
(2)在满足业主工期要求和保证工程质量的前提下，制订切实可行的进度计划；
(3)根据进度计划进行工期优化，以满足合同工期要求。

进度计划是施工组织设计的主要内容，也是时间组织成果的最终体现。进行时间组织的目的就是制订并优化施工进度计划，缩短工期，保证施工过程的连续性、均衡性、节奏性。

二、施工进度横道图

1. 横道图的概念

横道图(也称横线图或甘特图)，是美国工程师亨利·甘特在第一次世界大战期间创造的一种生产进度的表达方法。其目前已在工程实践中得到广泛的应用。它是以时间为横坐标，以各分部分项工程或施工工序为纵坐标，按一定的先后施工顺序和工艺流程，用带有时间比例的水平横线表示对应项目或工序持续时间的施工进度计划图，如图 1.3 所示。

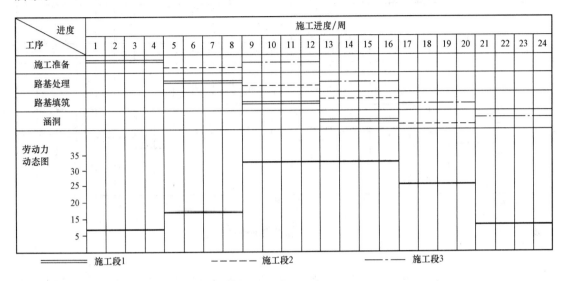

图 1.3　施工进度横道图

2. 横道图的常用格式

横道图由两大部分组成，即左面部分是以分部分项工程或工序为主要内容的表格，包括序号、项目名称（工序名称）、施工方法、工程量、定额和劳动量等计算数据；右面部分是用横线条表示的指示图表，它是由左面的有关数据经计算得到的。在指示图表中用横向线条形象地表示出各工序（项目）的施工进度，其线条的长度表示施工持续时间长短，线条的位置表示施工过程，线上可以用数字表示劳动力数量；有时也可以采用不同线条符号表示作业班组或施工段数。

三、施工进度计划基本作业方法

施工作业方法根据作业班组投入各施工段的开工时间及施工次序的不同，可分为顺序作业、平行作业和流水作业三种方式。

以路基填筑工程为例，6.447 km 的路基工程，在施工中，分为三个部分进行施工，则施工段 $m=3$；假定每个施工段上的工程量相同，并且都分为施工准备、路基处理、路基填筑、涵洞四个施工过程，则施工过程数 $n=4$，四个施工过程的施工时间都为 4 周，每个施工过程所需要的劳动力分别为 8、10、15、10。

1. 顺序作业法

（1）定义。顺序作业法是指从某一施工段开始做起，各专业班组按工艺顺序先后投入，完成一个施工段的全部施工任务后，接着再去完成另一个施工段的任务，直至完成全部任务的作业方法,如图 1.4 所示。

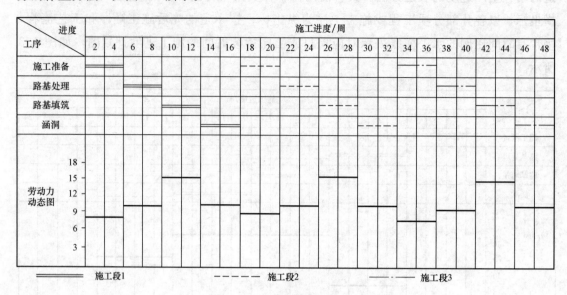

图 1.4 顺序作业法

(2)特点。优点:该方法在任务时段投入的劳动力和材料需要量少,有利于资源组织管理;作业地点集中,便于施工管理。缺点:设备投入少,但利用率不高;不能充分利用工作面争取时间,生产周期长;专业作业班组和材料供应都为间歇作业,不能连续施工,浪费劳动资源,生产效率低下。

2. 平行作业法

(1)定义。平行作业法是指各施工段同时开工进行第一道工序作业,完成第一道工序后,按照工艺顺序依次投入后继工序,直至完成施工段上所有的工序,如图 1.5 所示。

图 1.5 平行作业法

(2)特点。优点：充分利用工作面，生产周期短。缺点：人力、材料及机械投入量大且时间集中，施工节奏性和均衡性较差；各专业班组间歇作业，无法连续施工，施工连续性较差；作业地点分散，不便进行组织管理。

3. 流水作业法

(1)定义。流水作业法是指各施工段相隔一定时间依次开工，各班组按工艺顺序依次投入，相同的工序连续生产，不同工序平行生产的作业方法。

(2)特点。优点：合理利用工作面，工期适中，接近最优工期；有利于专业化施工，以提高专业班组的熟练程度及专业技能，保证工程质量，提高生产率；同一工序的班组连续作业，不同工艺的班组衔接紧凑，具有较好的施工连续性；单位时间投入的工料均衡，符合资源供应的客观规律，有利于资源组织和管理，具有较好的施工节奏性。缺点：协调和组织工作难度大，应加强协调和调度管理。

施工作业方法

4. 施工进度计划基本作业方法的综合运用

在路基施工过程中，从局部生产来看，可以根据具体的施工条件和不同的需要，单独采用以上三种方法组织生产活动，各有所长。其中，流水作业是在平行和顺序作业的基础上发展起来的，平行作业是保持连续性的先决条件，流水作业是在合理利用资源的情况下，保持施工过程连续性的有效方法。由于流水作业能够较好地体现施工组织的四个原则，可以实现连续、均衡和协调生产，反映了单段多工序型施工组织的客观规律，所以，它是成批生产的最优方法，具有较高的经济性，有利于提高施工生产的经济效益。

(1)平行流水作业法。平行流水作业法是将合同段(或项目)的施工过程分成几条生产线平行施工，而完成某一生产线的具体施工任务时，既可人为划分出具有相同工序及工艺顺序的若干施工段组织流水作业，又可将具有独立施工条件和工艺顺序的若干分部分项工程归并起来组织成流水作业，有效地保证施工过程的连续性和节奏性。

(2)平行顺序作业法。平行顺序作业法是将合同段(或项目)的施工过程分成几条生产线平行施工，而完成其中某条生产线的具体施工任务时，又可将具有独立施工条件，但工艺顺序互不相同的若干分项工程组织成顺序作业。其主要适用于突击性工程或合同段内含有若干个相对独立的单段多工序型施工过程的项目。

(3)立体交叉作业法。立体交叉作业法是在流水作业的基础上，利用一切可能利用的空间和工作面开展立体交叉作业的一种施工方法。其主要适用于大型构造物的施工，在工作面受限制时，可充分利用工作面，有效地缩短工期。

四、流水施工组织原理

流水作业是一种比较先进的作业方法，它以施工专业化为基础，将不同工程对象的同一施工工序交由专业施工队(组)操作，各专业队(组)在统一计划安排下，依次在各个作业面上完成指定的操作。前一操作结束后转移至另一作业面,执行同样的操作;后一操作则由其他专业队继续执行。各专业队按大致相同的时间(流水节拍)和速度(流水速度),协调而紧凑地相继完成全部施工任务。流水作业要求工艺流程组织紧凑,有利于专业化施工,其是现代化工业产品生产的基本组织形式。

五、全等节拍流水施工进度横道图的组织步骤及绘制方法

在组织流水施工时,根据每个工序在每个施工段上的持续时间,可分为全等节拍流水施工、成倍节拍流水施工、无节拍流水施工等。这里仅介绍全等节拍流水施工进度横道图的组织步骤及绘制方法。

1. 确定空间参数

(1)工作面(A)。工作面是专业队或机械在进行施工操作时所必须具备的活动空间。它的空间大小表明了施工对象上可能安置多少工人和布置多少机械作业。在工作面上,前一施工过程的结束为后续施工过程提供了工作面。在确定一个施工过程必要的工作时,不仅要考虑前一施工过程为这个施工过程可能提供的工作面大小,还要考虑工作效率,同时,也要遵守案例技术和施工技术规范的规定。

在本任务中,由于道路工程属于线性工程,因此工作面基本可以满足要求。

(2)施工段数(m)。在组织流水施工时,通常将施工对象划分为所需劳动量大致相等的若干段或按工程结构部位划分的分部分项工程段,这些段就叫作施工段。每一施工段在某一时间内只供一个施工队完成其承担的施工过程,施工段的数目用 m 表示。

施工段可以是固定的,这样施工段的分界对所有施工过程都是固定不变的;施工段也可以是不固定的,这样施工段的分界对不同的施工过程是不同的。如在道路工程中,路基工程的工程量比较大,施工工期长,而路面工程的工程量相对路基工程小些,施工工期也短,所以在一个工程中,路基工程中划分施工段较短,而路面工程中划分施工段较长。

划分施工段时,应考虑:施工段的分界同施工对象的结构界线(温度缝、沉降缝和单元尺寸等)取得一致;各施工段上所消耗的劳动量大致相等;每段要有足够的工作面,使工人操作方便,既有利于提高工效,又能保证安全;划分段数的多少,应考虑机械使用效能、工人的劳动组合、材料供应情况、施工规模大小等因素。

在本任务中,路基工程可按工程量的大小,大致划分为 3 个施工段。

2. 确定工艺参数

任何一项施工任务的施工,都由不同种类和特性的工序组成,每一道工序都有其特定的施工工艺。在组织流水作业时,用施工过程数(工序数)与流水强度两个参数来表达流水作业施工工艺开展顺序及特征。

(1)施工过程数(工序数)n。为了描述一个施工过程中工艺的复杂程度,根据具体情况,可将一个综合的施工过程划分为若干具有独自工艺特点的单个施工过程,划分的数量 n 称

为施工过程数(或工序数)。

划分施工过程时一般应注意以下几项:

1)施工过程划分的粗细,应以流水作业进度计划的性质为依据。对于分部分项工程进度计划,应划分得细一些,以工序或操作过程为主;对于实施性流水作业进度计划,可划分到分项工程;对于控制性的进度计划,应划分得粗一些,可以是单位工程,甚至是单项工程。

2)结合所选择的施工方案划分施工过程。如在路基处理中,采用石灰土填筑,路拌法与厂拌法的施工过程是有差异的。

3)划分施工过程应重点突出,抓住主要的施工过程,不宜太细,使流水作业进度计划简明扼要。

4)一个流水作业进度计划内的所有施工过程应按施工先后顺序排列,反映施工过程的客观规律,所采用的名称应与现行定额的项目名称一致。

在本任务中,路基工程按实际情况可分为施工准备、基底处理、路基填筑、涵洞、排水及防护五个施工过程。

(2)流水强度 V。流水强度是指每一作业班组在单位时间内所完成的工程数量,它反映了流水作业工艺过程流动的强弱程度,决定了施工的速度。

机械施工过程的流水强度按下式计算:

$$V = \sum_{i=1}^{x} R_i C_i \tag{1.1}$$

式中　R_i——某种施工机械台数;

　　　C_i——该种施工机械台班生产率,即台班的产量定额(时间定额的倒数);

　　　x——投入同一工序的主导施工机械种类。

例：某铲运机铲运土方工程,推土机一台,$C=1\,562.5\text{ m}^3/$台班;铲运机3台,$C=223.2\text{ m}^3/$台班。

则:　　$v_i = \sum_{i=1}^{x} R_i C_i = 1 \times 1\,562.5 + 3 \times 223.2 = 2\,232.1 (\text{m}^3/$台班$)$

3. 确定时间参数

时间参数包括流水节拍和流水步距。它们反映了流水作业过程的时间流动状态和节奏性,是决定总工期长短的主要因素。

(1)流水节拍是指专业队(组)在施工段上完成某一道工序(操作过程)的延续时间,用 t_i 表示,施工准备需要4周时间,4周即为施工准备这个施工过程的流水节拍。流水节拍的长短反映流水作业施工过程的节奏性,并与总工期成正比,流水节拍长,则总工期也长。

决定某道工序流水节拍长短的主要因素包括该道工序的施工方案、劳动量或作业量、投入人工及机械设备的数量、作业班制,流水节拍同时还受到工作面的限制。

流水节拍的确定方法有以下三种。

1)定额计算法。在正常的施工组织条件下,通过查用定额,按下式计算:

$$t_i = \frac{Q_i S_i}{R_i n_i} = \frac{P_i}{R_i n_i} \tag{1.2}$$

式中 t_i——工段上第 i 道工序的流水节拍;

Q_i——工段上第 i 道工序要完成的工程数量,Q_i=实际工程量/定额单位;

P_i——工段上第 i 道工序的劳动量或作业量,即完成第 i 道工序需要的人工工日数或机械台班数;

S_i——工段上第 i 道工序的时间定额,即完成单位合格产品的时间;

R_i——完成工段上第 i 道工序的专业队需要的人工或机械台数,受工作面限制;

n_i——完成工段上第 i 道工序的专业队的作业班制数,可采用一、二或三班制。

在本任务中,路基工程按实际情况可分为施工准备、基底处理、路基填筑、路基整修、排水及防护五个施工过程。五个施工过程的工程量及产量定额见表1.2。

表 1.2 流水节拍计算表

施工过程	工程量	单位	产量定额	人数/台班	班制	流水节拍/周
施工准备	150 000	1 000 m²	0.2	9	3	4
基底处理	150 000	1 000 m²	0.3	6	3	4
路基填筑	90 000	1 000 m³	4.01	3	1	4
路基整修	150 000	1 000 m²	0.14	12	3	4
排水及防护	10 000	100 m	0.4	1	1	4

2)倒排工期法。当施工项目工期紧,必须在规定工期内完成施工任务,而且施工项目的整个生产过程又能组织成平行流水作业或流水作业时,根据合同分解的阶段性工期要求,有时采用倒排方法求流水节拍是合理可行的。

首先根据要求的总工期 T 倒排进度,确定某一施工过程的施工作业总持续时间 T_z;再按施工段数 m 用下式计算各施工段的作业持续时间:

$$T_i = \frac{T_z}{m} \tag{1.3}$$

然后,考虑施工过程的技术与组织间歇时间,根据施工段的工艺顺序及工序数 n 反算流水节拍 t_i。由于流水节拍要受到施工段的工作面大小的限制,因此,要检查反算的流水节拍 t_i 是否大于由工作面限制的最小流水节拍 t_{min},如果不满足,可采取调整施工段数 m、作业班制和提高机械设备的生产率等组织与技术措施,再综合考虑其他因素重新确定 t_i。t_i 的计算公式如下:

$$t_i = A_{min}\mu \tag{1.4}$$

式中 t_i——施工段上某道工序的流水节拍,即作业时间;

A_{min}——每个人或每台机械作业所需的最小工作面面积;

μ——单位面积所含劳动量或作业量,其计算公式为

$$\mu=\frac{Q_i S}{A}$$

式中 A——一个施工段仅能利用或提供的工作面面积;

Q_i——施工段上某道工序的工程数量,Q_i=实际工程量/定额单位;

S——该道工序的时间定额。

3)经验法。企业在以往的施工过程中,根据企业本身的施工技术及施工组织与管理特点,积累了许多有关分部分项工程施工过程组织的经验数据,有些企业还制订了自己的核算指标及施工定额。依据这些经验数据确定流水节拍更能反映企业的施工技术和管理水平,也比较简捷,切合实际,更具实效性。可见,依据企业的有关定额、施工经验或实际劳动生产率确定流水节拍也是一种简单实用且有效的方法。

(2)流水步距 K_{ij}:是指两相邻工序的专业队组相继投入同一(第一)施工段开始工作时的时间间隔,即开始时间差。

流水步距的大小与总工期成正比。在施工段数目和流水节拍确定的条件下,流水步距越大,总工期就越长;反之,流水步距越小,总工期就越短。

确定流水步距的基本要求如下:

1)始终保持合理的两个施工过程的先后工艺顺序。如在本任务中,施工准备与基底处理是相邻工序,但基底处理应在施工准备之后,在确定流水步距时也要遵循此工艺顺序。

2)尽可能保持各施工过程的连续作业。在确定流水步距时,相邻两个施工过程应在保证正常工艺顺序的前提下,使各施工过程之间不出现多余的空闲时间。

3)做到前后两个施工过程施工时间的最大搭接,即前一施工过程完成后,后一施工过程尽可能早地进入施工。在施工过程中,由于道路工程的线路都比较长,有时前一个施工过程在某施工段上没有完成,但可以为后一施工过程提供相应的工作面,则此时后一施工过程可提前进入施工现场进行施工,以缩短工期。

4)流水步距与流水节拍保持一定关系,应满足施工工艺、组织条件及质量要求。

在本任务中,由于是等节拍流水施工,流水节拍均为4周,则流水步距也为4周。

(3)时间间歇。往往由于工艺要求或组织因素要求,流水作业的两个相邻的施工过程需增加间歇时间,这种间歇时间是必要的,它们分别称为工艺间歇时间和组织间歇时间。

1)工艺(技术)间歇时间 Z_1。在组织流水作业时,不仅要考虑专业队之间的协调配合、施工质量、施工安全等,有时还应根据材料特点和工艺要求考虑合理的工艺等待时间,然后下一专业队才能进入施工。这个等待时间叫作工艺间歇时间。如混凝土浇筑后,需要一定的养护时间才能进行下一道工序的施工。

在本任务中,无工艺间歇时间。

2)组织间歇时间 Z_2。由于组织因素要求,两个相邻的施工过程在规定的流水步距以外增加必要的间歇时间进行质量验收、安全检查等,这种间歇时间称为组织间歇时间。

在本任务中，无组织间歇时间。

(4)平行搭接时间：是指相邻两施工过程同时在同一施工段上的工作时间。组织流水施工时，为缩短工期，在同一施工段上，在前一施工过程施工还没有完成时，后一施工过程就投入施工。

在本任务中，无平行搭接时间。

4. 确定总工期

全等节拍流水施工的总工期按下式计算：

$$T=(m+n-1)t_i+Z_1+Z_2-C \tag{1.5}$$

本任务中，总工期 $T=(m+n-1)t_i+Z_1+Z_2-C$

$=(3+5-1)\times 4+0+0-0$

$=28(周)$

横道图比较法

5. 绘制全等节拍流水施工图

全等节拍流水，是有节拍流水施工的一种，是指各施工段上各道工序的流水节拍 t_i 均相等的流水作业。上述已计算出各道工序的流水节拍及相邻两工序的流水步距，主要特点是各施工过程的流水节拍 t_i 与相邻工序之间的流水步距 K_{ij} 完全相等，即 $t_i=K_{ij}=C$（常数）。其适用于各工序的工作量基本相同的施工项目。施工进度横道图如图1.6所示。

全等流水节拍

图1.6 施工进度横道图

学生工作页

学习目标

1. 能根据工期等要求计算流水施工的主要参数；
2. 能绘制路基工程施工进度横道图。

学习过程

一、依据拟建工程的概况，确定以下参数

1. 空间参数

（1）工作面

（2）施工段 m

2. 工艺参数

施工过程数 n

3. 时间参数

(1)流水节拍 t_i(定额计算法)

施工过程	工程量	单位	产量定额	人数/台班	班制	流水节拍

(2)流水步距

(3)时间间歇

二、绘制施工进度横道图

子任务二 编制有节拍流水施工进度计划
（成倍节拍流水及分别流水）

有节拍流水作业法是指各施工段上相同工序的流水节拍均相等的流水作业，所以有节拍流水作业法除上一任务中所述的全等节拍流水外，还包括成倍节拍流水作业和分别流水作业两种形式，本任务将对这两种形式进行介绍。

一、成倍节拍流水作业

成倍节拍流水作业，又称节奏性流水作业，是指各施工段上相同施工过程的流水节拍 t_i 相等，同一施工段上不同施工过程的流水节拍 t_i 不等但成倍数关系的流水作业形式。如仍按全等节拍流水组织施工，则会造成施工队窝工或作业面间歇，从而导致施工工期延长。此时，为了使各施工队仍能连续、均衡地依次在各施工段上施工，应按成倍节拍流水组织施工。

在本任务中，如对机械数量及班制做相应调整，可得流水节拍，见表1.3。

表1.3 流水节拍表　　　　　　　　　　　　　　　周

施工过程＼施工段	施工段1	施工段2	施工段3
施工准备	2	2	2
基底处理	4	4	4
路基填筑	6	6	6
路基整修	4	4	4
排水及防护	2	2	2

组织成倍节拍流水作业的步骤如下：

(1)求各流水节拍的最大公约数 K_k。它相当于各施工过程都共同遵守的"公共流水步距"；在本任务中，这个最大公约数 $K_k=2$。

(2)求各施工过程的专业施工队数 b_i。每个施工过程的流水节拍 t_i 是 k 的几倍，就要相应安排几个施工队，才能保证均衡施工。同一施工项目的各个施工队依次相隔 K_k 天投入流水施工，因此，施工队数目 b_i 按下式计算：

$$b_i = t_i / K_k \tag{1.6}$$

在本任务中，$b_1 = \dfrac{2}{2} = 1$；

$b_2 = \dfrac{4}{2} = 2$；

$$b_3 = \frac{6}{2} = 3;$$

$$b_4 = \frac{4}{2} = 2;$$

$$b_5 = \frac{2}{2} = 1。$$

将专业施工队数目的总和 $\sum b_i$ 看成是施工过程数 n'，将 K_k 看成是流水步距后，按全等节拍流水的方法安排施工进度。

在本任务中，施工过程数 $n' = \sum b_i = 1+2+3+2+1 = 9$。

流水步距 $K_k = 2$。

按全等节拍流水的方法组织施工，施工进度横道图如1.7所示。

图 1.7 施工进度横道图

计算施工工期 T，由于 $n' = \sum b_i$，因此可以按下式来计算施工工期：

$$T = (m + \sum b_i - 1) K_k \tag{1.7}$$

本任务中，$m=3$，$\sum b_i = 1+2+3+2+1 = 9$，$K_k = 2$，则：

$$T = (m + \sum b_i - 1) K_k = (3+9-1) \times 2 = 22（周）$$

在实际的道路工程施工中，对于一个专业施工队来说，它可以按固定的流水节拍（或不变的速度）前进。但从整个工程的流水作业组织来看，各专业施工队都按自己的流水节拍前进，彼此不一定相同，也不一定成倍数关系，这主要是由于机械配备、施工条件、劳动生产率或其他外界因素影响所致。如果要求流水速度绝对统一，必然会使机械效率不能充分发挥或造成某施工队窝工。因此，需要在统一的进度要求下，各专业队按照本身最合理、施工效率最高的流水速度进行作业。

成倍流水节拍

二、分别流水作业

分别流水作业是指在不同施工段上相同施工过程的流水节拍 t_i 相等，在同一施工段上的不同施工过程的流水节拍 t_i 既不相等，也不成倍数关系的流水作业形式，见表1.4。

表1.4 流水节拍表　　　　　　　　　　　　　　　　　　　周

施工过程＼施工段	施工段1	施工段2	施工段3
施工准备	2	2	2
基底处理	3	3	3
路基填筑	5	5	5
路基整修	4	4	4
排水及防护	2	2	2

1. 分别流水作业的特点

分别流水作业的流水节拍与流水步距不等，即 $t_i \neq K \neq C$（常数），在组织分别流水作业时，工序交接和工地转移存在间隙，专业队作业不连续，往往会出现不可避免的组织间歇时间。

2. 分别流水作业施工进度图的编制

根据表1.4中所列各施工过程流水节拍绘制施工进度横道图，如图1.8所示。

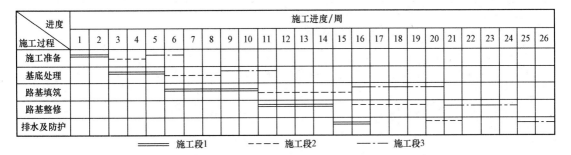

图1.8 施工进度横道图

3. 计算工期

从图1.8中可以看出，分别流水作业的总工期由流水展开期和流水稳定期两部分时间组成，即第一个施工段各流水步距之和加上最后投入生产的专业队在每个施工段上完成相同工序的作业持续时间之和。

从流水节拍表及施工进度图可以看出，对于不考虑技术间歇时间和搭接时间的分别流水作业，可通过作图或按下式计算总工期：

$$T = T_0 + T_n = \sum_{i=1}^{n-1} K_{i,i+1} + \sum_{h=1}^{m} t_h \qquad (1.8)$$

式中 $K_{i,i+1}$——第一施工段各相邻工序的流水步距；

t_h——最后投入生产的专业队在各施工段上完成相同工序的作业持续时间。

分别流水作业的最大缺点是同一施工段上不同工序的 t_i 不等，正因如此，导致其施工组织过程中会出现不可避免的组织间歇时间，使专业队作业断断续续。因此，为了缩短工期和尽量保持专业队作业的连续性，在工作面允许的情况下，可通过调整同一施工段上不同工序的人工及其机械设备投入量或作业班制来改变 t_i 的大小，使其趋于相等。

组织分别流水作业时，首要条件是应尽量保持各施工段不同工序交接的连续性，使施工段本身均衡而不间断地作业，减少工作面空闲时间；其次，考虑在具备开工条件的前提下，尽量将不同施工段上的相同工序彼此衔接，减少组织间歇时间，即减少专业队工地转移时的等待时间。作图时，在保证开工条件的情况下，尽量使各工序施工安排保持最大程度的向左紧凑，以达到缩短工期的目的。

学生工作页

学习目标

1. 绘制成倍节拍流水施工进度图;
2. 绘制分别流水施工进度图。

学习过程

一、绘制成倍节拍流水施工进度图

依据任务中的工程量及相关条件、流水节拍表,组织成倍节拍流水施工,绘制施工进度图,计算总工期。

流水节拍表   d

施工过程 \ 施工段	施工段1	施工段2	施工段3
测量放线	10	10	10
基底压实	5	5	5
分层填筑	20	20	20
整修路基	5	5	5
维修养护	5	5	5

二、绘制分别流水施工进度图

依据任务中的工程量及相关条件、流水节拍表,组织分别流水施工,绘制施工进度图,计算总工期。

流水节拍表   d

施工过程 \ 施工段	施工段1	施工段2	施工段3
测量放线	8	8	8
基底压实	6	6	6
分层填筑	15	15	15
整修路基	7	7	7
维修养护	5	5	5

子任务三 编制无节拍流水施工进度计划

对道路工程施工来说，沿线工程量的分布都是不均匀的，而大、中型桥梁或路基土石方的高填深挖，又为集中工程，因此，实际上各专业施工队在机具和劳动力固定的条件下，流水作业速度不可能保持一致，即各施工段上同一施工过程的流水节拍无法相等。无节拍流水作业法，就是指在各施工段上，同类工序的 t_i 不完全相等，同一施工段上各工序的 t_i 也互不相等的流水作业形式，如图 1.9 所示。

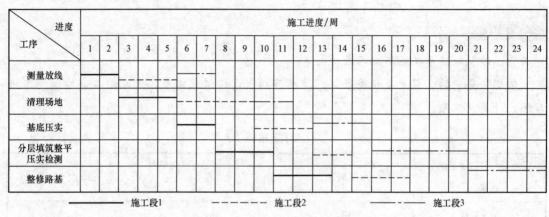

图 1.9 无节拍流水施工进度横道图

一、无节拍流水的特点

(1)同一施工过程在各个施工段上的流水节拍彼此不相等，不同施工过程在同一施工段上的流水节拍彼此不相等，这也是无节拍流水作业的条件；

(2)专业队的数目等于施工过程的数目 n，即按施工过程组织专业施工队；

(3)各专业施工队能保持连续施工，但没有固定的节奏；

(4)工程面有发生空闲的情况，如不允许发生空闲，专业施工队就不能实现连续施工，二者不能兼顾。

二、绘制无节拍流水施工进度图

流水作业法的施工组织意图和内容是通过流水作业图的形式表达出来的。上述介绍了有节拍流水作业施工进度横道图，使读者对施工进度横道图的绘制方法有了一定了解，接下来将介绍采用紧凑法绘制无节拍流水施工进度横道图。

采用紧凑法绘制横道图时，最主要的就是具备开工要素。开工要素主要是指工作面及生产力。对于某一施工段，任何一道工序开工都必须具备两个条件：该工序前面的所有工序都已完工，施工段上的工作面空出；该道工序的专业队已完成了上一施工段的同类工序，开工前资源具备,人、机待发。

(1)采用紧凑法绘制横道图时要贯彻工序紧凑原则。为了使流水作业取得最短总工期,在作图时,各相邻工序之间应尽量紧凑衔接,即尽量使所排工序向作业开始方向靠拢(一般向图的左端靠拢)。工序紧凑原则的含义是:只要具备开工条件即刻开工,不允许相邻工序的"横道"之间出现间隙或尽量减少间隙。

(2)绘制步骤。绘制施工进度横道图的主要步骤与前面所述全等节拍的绘制步骤大同小异,这里仅重点讲解紧凑法的绘制过程。

在本任务中,流水节拍表见表1.5。

表 1.5　流水节拍表　　　　　　　　　　　　　　　　　　　周

施工过程 \ 工段	施工段1	施工段2	施工段3
施工准备	3	2	4
路基处理	4	3	2
路基填筑	5	4	5
路基整修	3	2	2
排水及防护	2	1	2

1)绘制横道图表格的过程。

①绘制第一个施工过程在各施工段上的横道线,本任务中即施工准备。因为在施工准备之前并无其他施工过程,故在绘制时无须考虑各施工段是否空闲,只需考虑施工准备专业施工队是否有空闲,横道线可连续绘制。

②在第二个及以后的施工过程中,则需要同时考虑专业施工队及施工段是否有空闲,否则会出现冲突现象。如在第四个施工过程中,路基整修的施工时,在施工段1上第15周即可结束进入下一个施工段,但第16周时施工段2仍在进行路基填筑的工作,路基整修作业队不可进入,故路基整修作业队在第17周时可进入施工段2进行作业。其他情况以此类推。

③在所有的横道线均绘制完毕后,对整个施工进度横道图进行检查,确认各施工段各施工过程均无冲突后,即可成图,如图1.10所示。

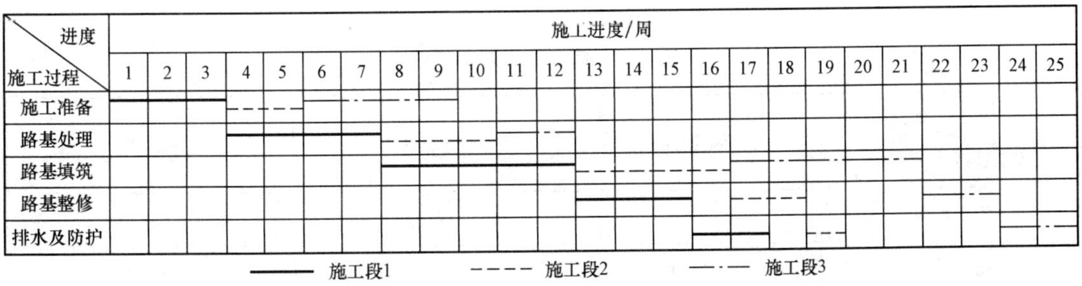

图 1.10　施工进度横道图

2)直接编阵法计算总工期。对于紧凑法绘制施工进度横道图,可以在绘制完进度图后,在图中读出总工期,但实际上在绘制之前,根据流水节拍表可直接计算总工期,而后可与要求工期比较,再进行调整,最后绘制出符合要求的施工进度横道图。

①计算第一行新元素:直接累加(表1.6)。

表1.6 第一行元素累加表

施工过程 \ 工段	施工段1	施工段2	施工段3
施工准备	3	2(5)	4(9)
路基处理	4	3	2
路基填筑	5	4	5
涵洞	3	2	2
排水及防护	2	1	2

②计算第一列新元素:同样直接累加(表1.7)。

表1.7 第一列元素累加表

施工过程 \ 工段	施工段1	施工段2	施工段3
施工准备	3	2(5)	4(9)
路基处理	4(7)	3	2
路基填筑	5(12)	4	5
涵洞	3(15)	2	2
排水及防护	2(17)	1	2

③计算其他元素:本元素+max{上,左},即本元素加上面或左面流水节拍的最大值,这里面,上面的元素表示有无工作面,左面的元素表示有无生产力,只有两者同时具备,才能进行下一道工序。计算见表1.8。

表1.8 编阵法工期计算表

施工过程 \ 工段	施工段1	施工段2	施工段3
施工准备	3	2(5)	4(9)
路基处理	4(7)	3(10)	2(12)
路基填筑	5(12)	4(16)	5(21)

续表

施工过程＼工段	施工段1	施工段2	施工段3
涵洞	3(15)	2(18)	2(23)
排水及防护	2(17)	1(19)	2(25)

直接编阵法计算工期，右下角括号内的数值为总工期，在本任务中，总工期即为 25 周。

三、施工进度横道图的特点

1. 横道图的优点

横道图简单、直观、易懂、易编制，可以方便地表达出施工计划的总工期和各分部分项工程或施工工序的持续时间，每项工作何时开始、何时结束一目了然；便于计算完成施工计划所需的劳动力、材料、机械设备及资金等各种资源需要量。

紧凑法绘制施工进度横道图

2. 横道图的缺点

(1)分部分项工程或施工工序之间的逻辑关系不明确，仅反映工作之间的前后衔接关系。

(2)无法表示施工期限与地点之间的关系，不能绘制对应施工项目的平面示意图。

(3)工程数量的实际颁布情况不具体，无法寻找施工计划的潜力。

(4)不能实现定量分析，因而无法采用计算机计算。

(5)无法反映工作的机动使用时间，反映不出关键工作及哪些工作决定总工期。

(6)无法进行施工组织及施工技术方案的比较与优化。

因此，横道图只适宜编制集中性工程进度计划、材料供应计划或者简单的工程进度计划。

学生工作页

学习目标

1. 采用紧凑法绘制无节拍流水施工进度图;
2. 直接编阵法计算总工期。

学习过程

一、紧凑法绘制无节拍流水施工进度图

(1)依据任务中各施工过程的工程量及相关条件、流水节拍,填写下表。

流水节拍表 d

施工过程 \ 施工段	施工段1	施工段2	施工段3
施工准备	10	12	15
路基填筑	18	25	20
防护及排水	12	16	14
涵洞及通道	18	15	20

(2)依据以上流水节拍表,采用紧凑法绘制施工进度横道图。

二、采用直接编阵法计算工程的总工期

子任务四　确定施工次序

施工次序泛指建设项目分部分项工程的先后作业次序，它反映了工程项目施工的内在规律，也是选定施工方式的主要依据。虽然一个工程项目的施工次序多种多样，看似杂乱无章，但在确定施工顺序时，抓住规律，仔细分析分部分项工程之间的逻辑关系与因果关系，在满足业主特定限制条件(工期、技术规范、工艺要求等)的前提下，总能选出最佳的施工次序。

一、安排施工次序的原则

安排施工次序须仔细分析分部分项工程之间的逻辑关系，统筹兼顾。安排施工次序一般遵循以下原则：

(1)必须符合工艺必然的衔接要求。道路施工项目各分部分项工程之间存在一定的层次和顺序关系，如工程总体施工应符合先下后上、先主体后局部、先内后外的客观规律，违背以上规律，则无法正常组织施工。

(2)必须与施工方法相适应。施工方法不同，其施工过程也不同。

(3)考虑水文地质等自然因素的影响。安排施工次序时，必须充分考虑雨季、冬季不良地质地段的影响，有的因素对施工次序的安排起着决定性的作用，如土方路基施工应安排在非雨期施工。

(4)必须遵守施工过程的组织原则。在施工过程中，之所以精心安排施工次序，就是为了更好地贯彻连续性、均衡性和节奏性的要求，以便建立良好的施工秩序，适应工程施工的客观规律，从而达到压缩工期，提高投资效益的目的。

(5)必须考虑安全生产的要求。如石方路基施工时需划分若干施工段，为保证施工安全，一般不进行相邻施工段连续爆破。土方爆破和清渣运输往往需间隔、跳跃式安排施工作业次序，让爆破与清渣作业保持一定的安全距离。

(6)压缩工期原则。采用不同的施工次序，将会产生不同的时间组织成果，对总工期的影响很大。因此，应因地制宜地采取施工组织措施，通过优化施工次序来压缩工期。

二、确定施工次序的方法

无论从总体安排还是局部施工考虑，施工次序对施工总工期都具有直接影响。为了寻求工程施工的客观规律，建立良好的施工秩序，需进一步探讨施工次序安排的基本理论和方法，以便指导施工实践，科学合理地安排施工次序。

(1) m 项任务(施工段)、两道工序施工时，施工次序的确定。m 项任务是指 m 个施工段上所包含的施工过程相同的全部施工任务，即具有独立施工条件的分部分项工程；n 道工

序是指 m 个施工段中,完成任何一个施工段的全部施工任务应包含的 n 个施工过程,每一个施工过程可以是受某种客观条件(如关键设备)制约的一道"工序",或是一个操作过程。

在每一个施工段上,n 道工序的先后顺序是由施工方法的客观规律所决定的,进行施工组织时,无法改变,也不可违背,但各施工段之间的生产作业次序却可以人为改变,而且这种改变的结果将直接影响施工总工期的长短。

当无节拍流水作业有 m 项任务(施工段),两道工序时,运用约翰逊-贝尔曼法则(简称约-贝法则)可以直接确定 m 项任务的先后施工次序。

约-贝法则的基本思想是:先行工序序列中,流水节拍 t_i 最短的施工段要优先排在前面开工;后续工序序列中,流水节拍 t_i 最短的施工段应排在最后开工。

运用约-贝法则就是为了确定施工段之间的最优施工次序,以达到寻求最短工期的目的。

运用约-贝法则确定施工次序,首先按施工段列出两道工序的流水节拍表,见表 1.9(为更清晰地表达约-贝法则的使用方法,将施工段增加为 5 个)。

表 1.9 施工项目流水节拍表 周

工序 n \ 工段 m	施工段 1	施工段 2	施工段 3	施工段 4	施工段 5
施工准备	4	4	6	5	2
路基处理	5	1	4	6	3

其次,在表中依次选取 t_{min}(一列仅选一次),若是先行工序,则从前向后排;若是后续工序,则从后向前排,直至排定最优次序。

从表 1.9 中可以看出,作业时间最短的为后续施工过程,路基处理中 $t_{2后}=1$,则将施工段 2 排在最后,并划掉此列,不再参选,剩余的为施工段 1、3、4、5;在剩余的 4 列中继续选择作业时间最短的为先行施工过程,施工准备中的施工段 5,$t_{5先}=2$,则将施工段 5 排在前面,并划掉此列,剩余的为施工段 1、3、4;在这 3 列中,继续选择作业时间最短的为先行施工过程,施工准备 $t_{1先}=4$,$t_{3后}=4$,则将施工段 1 排在第二位,施工段 3 排在倒数第二位,此时剩余的施工段 4 排在第三位,因此,该施工项目各施工段的最优施工次序为:5—1—4—3—2(表 1.10)。

表 1.10 最优次序表

工序 n \ 工段 m	施工段 1	施工段 2	施工段 3	施工段 4	施工段 5
施工准备	4	4	6	5	2
路基处理	5	1	4	6	3
最优次序	施工段 5	施工段 1	施工段 4	施工段 3	施工段 2

在没有运用约-贝法则排序时的施工进度图总工期为28周,如图1.11所示。

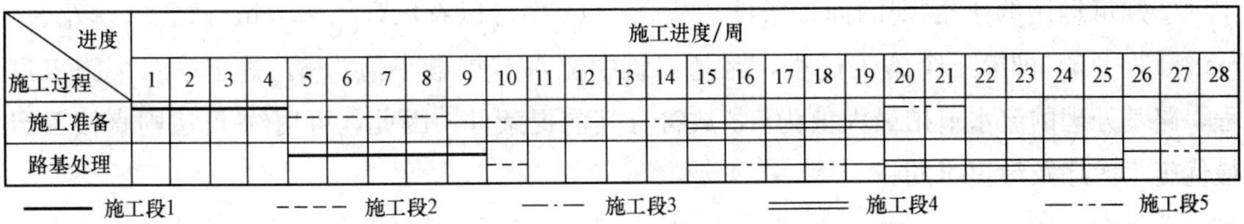

图 1.11 无排序时施工进度横道图

运用约-贝法则排序后的施工进度图如图1.12所示。总工期为23周。

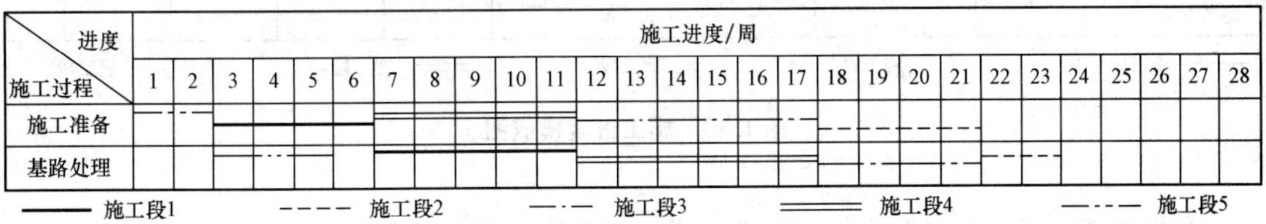

图 1.12 排序后施工进度横道图

(2)m项任务、3道工序时,施工次序的确定。采用约-贝法则确定这类施工项目各施工段的施工作业次序时,具有一定的局限性。只有满足下列必要的前提条件,才能一次性确定最优施工次序,也可运用作图法或公式法直接找出最优工期,否则,只能减少采用作图法寻求最短工期的作图次数,不能直接确定最优次序和最短工期:

1)运用约-贝法则的前提条件:假定某施工项目有m个施工段,3道工序,各施工段相同工序的流水节拍t_i组成的序列分别用T_i^a、T_i^b、T_i^c表示,则运用约-贝法则必须满足下列前提条件之一,即

$$\min\{T_i^a\} \geqslant \max\{T_i^b\} \text{ 或 } \min\{T_i^c\} \geqslant \max\{T_i^b\} \tag{1.9}$$

上述条件含义为:只要其中一个流水节拍序列中的最小值大于或等于其他任一序列中的最大值即可运用约-贝法则。

2)运用约-贝法则的方法:

①根据m个施工段上同类工序的流水节拍序列,按照工序的先后作业次序列出流水节拍表,见表1.11。

表 1.11 流水节拍表

工序 n \ 工段 m	施工段1	施工段2	施工段3	施工段4	施工段5
施工准备	3	2	8	10	5
路基处理	5	2	3	3	4
路基填筑	5	6	7	9	7

其施工进度图如图 1.13 所示,总工期为 42 周。

②判定运用约-贝法则的前提条件。从表 1.11 中可以看出,$t_{\min}^3 = \min\{T_i^3\} = 5 \geqslant t_{\max}^2 = \max\{T_i^2\} = 5$,即第三个施工过程,路基填筑中流水节拍最小值为 5,等于第二个施工过程,路基处理的流水节拍最大值为 5,故符合其前提条件,因此,可用约-贝法则直接确定最优施工次序及最短工期。

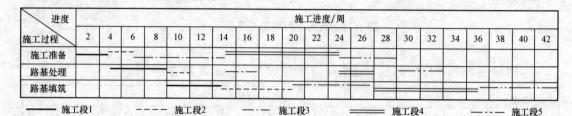

图 1.13 施工进度横道图

③将相邻工序序列对应叠加,重新组成两道虚拟工序,见表 1.12。

表 1.12 施工项目各工序作业时间表

工段 m 工序 n	施工段 1	施工段 2	施工段 3	施工段 4	施工段 5
施工准备①	3	2	8	10	5
路基处理②	5	2	3	3	4
路基填筑③	5	6	7	9	7
①+②	8	4	11	13	9
②+③	10	8	10	12	11

④针对两道虚拟工序,运用约-贝法则,确定最优施工次序为:2—1—5—4—3,见表 1.13。

表 1.13 最优次序表

工段 m 工序 n	施工段 1	施工段 2	施工段 3	施工段 4	施工段 5
施工准备①	3	2	8	10	5
路基处理②	5	2	3	3	4
路基填筑③	5	6	7	9	7
①+②	8	4	11	13	9
②+③	10	8	10	12	11
最优次序	施工段 2	施工段 1	施工段 5	施工段 4	施工段 3

⑤根据施工段的最优施工次序绘图,确定最短工期,如图 1.14 所示,总工期为 39 周。

图 1.14 最优次序施工进度横道图

(3)m 项任务、多于 3 道工序的施工项目排序。在 m 个施工段上,每个施工段的施工过程数 $n>3$ 时,运用约-贝法则不能一次性地确定各施工段的最优施工次序,也无法直接、精确地找出最短工期。因此,可采用以下方法确定最短总工期:

确定施工顺序

1)运用约-贝法则的近似解法。把 n 道工序分成任意两组,将同组工序的作业时间对应相加得到两道虚拟工序,然后继续归并直至剩下最后的两道虚拟工序后作图,从一定数量的分组中经比较取工期最短者,作为相对最优解。若能够排出所有分组的可能性作图,即可找出最短工期的精确解。

近似解法最简单的情况是施工项目有 m 个施工段、4 道工序,可将任意两组合并,得到两道新的虚拟工序后,按约-贝法则得出排序的较优解,反复进行,从中取得最优解。

2)穷举法。穷举法也称枚举法,是利用计算机运算速度快、精度高的特点,对要解决的问题的所有可能情况,进行逐个检查,从中找出符合要求的答案的一种计算机辅助计算方法,这里从略。

确定施工次序,寻求最优工期,应用范围非常有限,但在实际工作中,划分施工过程不必太细、太多,只要以主导工序为主,将施工辅助工作或次要工序归并到主导工序中,看成一道工序来确定其作业周期,多数情况下会使施工过程数减少到两道,这样就可以大大提升约-贝法则的应用范围。

(4)合同段总体施工顺序的确定。

1)一个合同段的基本生产过程,是由一系列分部分项工程或操作过程组成的,这些分部分项工程形态各异,分布不同。但土木工程施工一般遵循"先下后上、先主体后局部"的施工规律,公路建设项目也不例外。

如公路工程(包括市政道路)安排施工顺序应该是:地下管网(由深及浅)—路基工程—垫层—基层—面层—附属工程。施工组织时,首先要遵循上述施工规律,根据施工对象的结构类型、水文地质条件与施工条件,结合业主的工期和技术规范要求,把合同段的基本生产过程分解为具有独立施工条件的分部分项工程,并确定施工生产线。

如山岭区道路施工时,小桥涵、石方路基在最下面,它是制约整个工程项目施工资源运送的关键因素，由于二者工艺不同，所以要组建两个施工队先行施工，石方作业根据工程量和工期要求还可进一步细分。同时，大中桥和隧道都具有独立施工条件和工艺性质，可把小桥涵、石方路基、大中桥和隧道看作四条生产线，根据开工条件，安排施工顺序，把这四条生产线安排成平等或搭接作业方式。但面层施工一定要在这四个分部分项工程的主体工程全部完工以后，具备面层开工条件后才能施工。

2) 要分析各条生产线上分部分项工程的结构组成和工艺性质，据此选择施工方法，再把结构类型与工艺相同，且具备独立施工条件的分项工程进一步分离出来，合理划分施工段，安排分部分项工程的施工顺序。

如路基石方施工组织时，先要分析工艺过程，安排爆破与清渣的先后作业次序，然后根据工期要求和划分施工段的基本原则进行合理分段，选定施工方式，组建施工作业单位。

关于分项工程的划分，主要以"工艺性质是否相同，是否具备施工条件，能否组织单独施工"为条件，逐层逐次细分。无论深入到哪个层次，都可以分析其工艺流程，安排施工顺序，在划分施工段后，即可实施不同的作业方式组织施工。

3) 当把所有的分部分项工程分解成以工序为主的施工对象时，便可按合同段基本生产过程—生产线—分部工程—分项工程—工序的架构梳理出以分部分项工程为主的总体施工顺序，或以工序的关键工程（其中的一个分部分项工程）的施工顺序，确定其逻辑关系，据此编制进度计划。同时，也可按分部分项工程的施工工艺及其顺序关系编写施工技术方案。

学生工作页

学习目标

采用约-贝法则确定二道工序,多个施工段的施工次序;

采用约-贝法则确定三道工序,多个施工段的施工次序。

学习过程

一、采用约-贝法则确定二道工序,多个施工段的施工次序

(1)从任务中选取两个相邻工序,并依据任务中的工程量及相关条件,计算流水节拍填入下表。

流水节拍表

工序 n \ 工段 m	施工段1	施工段2	施工段3	施工段4	施工段5

(2)依据以上流水节拍表,确定最优次序,填入下表。

施工次序表

工序 n \ 工段 m	施工段1	施工段2	施工段3	施工段4	施工段5
最优次序					

(3)采用直接编阵法,计算排序前及排序后的总工期,并进行比较。

二、采用约-贝法则确定三道工序，多个施工段的施工次序

(1)从任务中选取三个相邻工序，并依据任务中的工程量及相关条件，计算流水节拍填入下表。

流水节拍表

工序 n \ 工段 m	施工段1	施工段2	施工段3	施工段4	施工段5

(2)依据以上流水节拍表，确定最优次序，填入下表。

施工次序表

工序 n \ 工段 m	施工段1	施工段2	施工段3	施工段4	施工段5
最优次序					

(3)采用直接编阵法，计算排序前及排序后的总工期，并进行比较。

任务三 施工进度控制(横道图比较法)

知识目标

1. 了解施工进度控制的目的；
2. 掌握施工进度横道图比较法。

能力目标

1. 能根据施工进度计划与实际完成工程情况进行进度控制；
2. 能采用横道图比较法进行进度计划控制与调整。

一、施工进度计划的检查

进度计划的检查是执行信息的主要来源，是施工进度调整和分析的依据，也是进度控制的关键步骤。进度计划检查的方法主要采用对比法，即对实际进度和计划进度进行对比，从而发现偏差，以便调整或修改计划。

进度偏差一般有三种可能，即实际进度与计划进度相比为提前、按时(正常)或拖延(延误)。在进度检查时所谈及的偏离往往是针对正在检查的内容(工作或分项工程)，因此，应同时分析这些偏差对工程项目或合同段工期的影响，即工程总体进度状况发展的趋势。

二、横道图比较法

横道图比较法是将项目实施过程中所观测到的实际进度，用横道线直接绘制于原横道计划图中，并将两者进行直观比较。通过比较，使进度控制人员掌握进度现状，以便采取相应措施。

(1)当工程项目的各项工作按匀速进展，即某项工作单位时间内完成的工作量时间，或工作量(工程量可以是实物工程量，也可以是工时消耗或费用支出)的百分比相同时，可采用图1.15所示的形式Ⅰ进行比较。

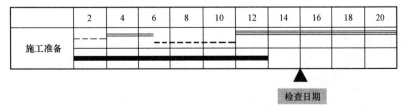

图1.15 横道比较图(形式Ⅰ)

该图的具体作法是：首先在横道图上标出进度计划检查日期，然后在原计划横道图的下方作一条平行的横道线（涂黑部分），此横道线的长度应反映实际累计完成工作量的百分比，且应按比例作出。在实际工作中，这条横道线的右端点不一定正好与检查日期重合，若横道线右端点在检查日期左侧，则表示此刻的实际进度比计划进度拖后；若横道线右端点落在检查日期右侧，则表示实际进度比计划进度超前。另外，根据横道线右端点与检查日期差距的大小，还可知进度超前或拖后的程度。如图 1.16 所示，可知进度拖后两周。

(2)当工作按变速进展时，若按图 1.15 所示的形式，则很难判断实际进度比计划进度究竟是超前还是拖后，此时，应采用图 1.16 所示的形式Ⅱ进行比较。

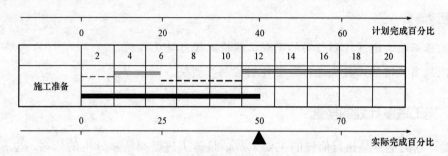

图 1.16　横道比较图（形式Ⅱ）

该图的具体作图法是：首先在原计划横道线的上方标出不同时间按计划累计应完成的百分比，然后在项目施工过程中，定期检查实际的进度情况，并将其画在原计划横道线下方，即涂黑部分，另外，还需在实际横道线下方的检查日期处，标出实际累计完成的百分比。进度控制人员只需将横道线上方计划累计完成量与横道线下方同位置处的实际累计完成量进行比较，便可知道项目施工进度的实际情况。例如，从图 1.16 中可知，在检查日期时，该工作的实际进度比计划进度超前 50%－40%＝10%。

案例　某公路路基工程施工组织设计(部分节选)

第一章　总体施工组织布置及规划

一、施工组织

针对本项目特点，我公司本着"保质、精干、高效、创优"的原则，投入一流的机械设备，实行一流的管理模式，推行高效严格的质量管理方法，全面确保工程质量及工期。我单位将按照职能明确、精干实效、运转灵活、指挥有力的原则组建项目经理部。配备业务能力强、经验丰富的管理人员和技术人员。本工程采取辽宁省路桥建设集团有限公司设立的项目经理部、施工队两级管理模式。项目经理部设项目经理、总工程师和项目副经理、工程技术部、安质环保部、设备物资部、合同管理部、财务管理部、综合办公室、工地试验室。项目经理部下属设立若干个施工队负责本工程的具体操作。

施工组织机构框图如图 1.17 所示。

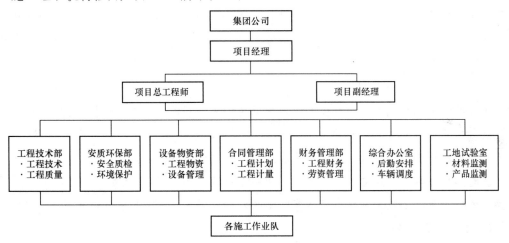

图 1.17　施工组织机构框图

二、动员周期

本公司接到中标通知书后一周内，项目经理部及施工队伍主要负责人到达现场，准备开工前期工作，组织进行临时工程建设，征地及备料、办电等手续办理。

三、设备、人员进场方案

本合同段所需机械设备主要由辽宁省沈阳市调入。具体进场日期为：自接到中标通知书之日起，立即按照业主要求组织进场，开始组织施工。全部管理人员开工前全部到位，其他人员随机械同期进场，保证工程顺利进行。工程所用施工设备全部由我方自备，拟配备先进的、性能良好的施工机械，以满足工程需要。全部设备通过铁路、汽车组织调进。

四、材料进场方案

我公司已对沿线材料进行了调查，中标后将继续做好对沿线材料的调查工作，保证所有材料均经试验合格后再使用，并定期进行复检，杜绝不合格材料进场。主要工程材料物资除按业主推荐厂商采购外，尽可能就近采用，并根据招标文件要求，经采样检验合格后确定最终的合格供应商，严把原材料关。各种材料均以汽车运输方式运至施工现场。

五、驻地建设及施工场地建设

1. 施工便道

为确保工程顺利进行，尽快开工，尽早形成施工高潮，除利用现有交通条件外，根据实际需要增建、拓宽和改造既有道路。所有施工便道均应在相应距离处设会车道，以利于工程车辆快速通行，并首先进行进场道路及临时房屋的修筑，保证工程能够顺利进行。施工便道按四级标准修建，做好防排水设施，并加强养护。

2. 临时房屋

建筑标准：生活、办公房屋采用双层结构的活动房屋，其他房屋采用混凝土空心砖墙、钢架屋面结构，同时租用部分民房作为生活用房。钢筋、模板加工采用钢架屋面敞棚。

医疗卫生与消防：为保障施工人员的健康，项目经理部设医务室，配备有经验的医务人员，对职工进行常见疾病和传染病的预防，并与当地医疗部门取得联系，以便必要时取得协助。在施工期间，严格按当地消防管理部门的规定，配备消防器材，并设专人负责对工地的防火检查。

3. 临时通信、供水、供电

通信：经理部和施工队设程控电话，施工现场采用移动电话和对讲机进行联系。

供水：项目沿线地表水资源丰富，河流、沟渠、水库等均可作为工程取水源。生产、生活用水分别设置施工用水池和生活用水池，安装主干供水管路。

供电：我公司将与业主、有关部门协商将电接引到施工驻地及施工现场，架设主干高压供电线路。为防止施工过程中突然停电或电力供应不足，配备足够发电机发电。

4. 项目经理部建设

(1)项目经理部办公区、生活区及车辆、机具停放区等布局科学合理，办公区、生活区等分区管理，合理规划人车路线，减少不同区域间的相互干扰。区内场地及主要道路做硬化处理，排水设施完善，庭院适当绿化，环境优美整洁，生活、生产污水和垃圾集中收集处理。

(2)驻地内设置车辆停放区，停车位画白线。车辆停放区面积可满足20辆小车停放要求。

(3)活动场地配置室外文体设施。

(4)办公区和生活区均配置必要的消防安全器材和消防安全标识。

(5)项目部为独立式庭院，四周设有围墙，有固定出入口。出入口设置保卫人员。

(6)办公用房设置项目经理办公室、项目总工程师办公室、项目副经理办公室、合同部、安质环保部、工程技术部、设备物资部、财务管理部、综合办公室、档案室、工地试验室、会议室、活动室等。生活用房设置宿舍、食堂、活动室、浴室、卫生间等。

(7)办公、生活用房应实用、美观、隔热、通风、防潮。

(8)积极配合业主信息化管理要求,配备相应的信息化办公系统和具备施工信息收集、整理、传送的基本设施。

5. 工地试验室建设

(1)工地试验室建设应满足《公路水运工程试验检测管理办法》的有关规定,由取得公路水运工程试验检测机构资质等级证书的试验检测机构、母体试验检测机构授权设立,且授权的试验检测项目和参数不得超出其等级证书核定的业务范围。母体试验检测机构对工地试验室的试验检测行为及结果承担责任。

(2)工地试验室采用院落式封闭管理,功能区设置科学合理,办公区和各功能区面积满足规定要求,区内场地及主要道路做硬化处理,排水设施完善,庭院适当绿化,环境优美整洁。

(3)工地试验室设置办公室、操作间、标准养护室、样品间等,办公室和功能室门口挂设名称牌。管理图表均装裱上墙。

(4)试验仪器、设备按试验项目要求布置合理、摆放整齐。绘制各种仪器设备的操作规程、试验项目质量指标上墙图表。试验台账、仪器保养记录悬挂醒目有序,每台(套)试验仪器均明确试验、保养负责人。

6. 拌合站及预制场建设

拌合站建设应考虑施工生产情况,合理划分拌合作业区、材料计量区、材料库、运输车辆存放区、试验区、集料堆放区、洗料区及生活区,内设洗车池(洗车台)、污水沉淀池和排水系统。生活区应与其他区域隔离设置。

(1)施工场地必须做硬化处理。场区道路应采用20 cm厚的水泥稳定砂砾和15 cm厚的C30水泥混凝土硬化,对沥青混凝土拌合站进出场区、上下主线的施工便道加铺不小于6 cm厚的沥青混合料。储料场应采用20 cm厚的水泥稳定砂砾和10 cm厚水泥混凝土进行硬化处理。

(2)水泥混凝土、路面面层储料场应搭设彩钢棚,防止材料污染及雨淋,顶棚应采用轻型钢结构,高度应满足机械作业高度要求(不小于7 m),并满足受力、防风、防雨(雪)等要求。

(3)所有拌合机的集料仓应搭设三面封闭彩钢棚,受料口要设置隔板,隔板高度不小于100 cm,确保不串料。

(4)拌合楼主机应搭设封闭式彩钢板遮挡,防晒、防雨(雪)。拌合楼进、出口应搭建运输车辆检查点,检查运输车覆盖情况及沥青混合料料温等。

(5)原材料储料仓必须设置隔墙,隔墙宜采用不小于30 cm厚混凝土或不小于60 cm的浆砌片石建造,为确保不串料,隔墙高度应不小于2.5 m。

(6)袋装水泥、掺合料、外加剂、SBS改性剂等必须采用仓库存放,地面应设置架空垫层,高度为离地面不小于30 cm。木质素、改性剂等要配备专用添加设备。

(7)预制场底模应采用通长不锈钢钢板,钢板厚度应不小于6 mm。

(8)钢筋加工场场内地面应采用不小于10 cm厚的C20混凝土硬化。

(9)钢筋加工场架构宜采用钢结构搭设,顶部采用固定式拱形防雨篷,高度应满足加工设备操作空间(一般不小于7 m),并设置避雷和防风设施。冬期施工期间,钢筋加工车间必须采取供暖措施,确保钢筋加工温度要求。

(10)在排水方面,采用在低洼处挖明沟的方法使场内的积水流淌畅通,并与永久排水设施结合起来。分隔仓内纵向每隔5~10 m,横向每隔15~20 m设盲沟,坡度不小于0.5%,盲沟与场地排水明沟相连接,在堆料仓后面设置排水明沟,保持排水畅通。

六、进度照片与录像

(1)我方(间隔不多于1个月)向监理工程师提供标明时间和工程进度记录的彩色照片和数码图片文件,并附有详细的文字说明和足够的数据记录,以标明工程的确切位置和进度。

(2)我方提供经监理工程师确认的相册,并将要求上报的资料提供给业主。

七、工程附近建筑物和财产的保护

(1)工程施工期间,我方采取有效措施保护施工现场附近不需拆迁的建筑物、地上或地下的管线设施、水力设施、道路、铁路、河道、树木、光缆及通信设施及其他财产等。

(2)若在施工期间新发现需拆迁的结构物或地下管线,及时探明具体位置和现状并查明该设施的所有者或产权管理部门,同时书面报告监理人并按监理人的指示办理。

(3)我方在靠近上述某个公用设施处实施开挖、拆除作业时,事先通知当地有关产权管理部门,并在产权部门的代表在场时进行作业。

八、交通流计划和控制

(1)我方在收到开工通知之后的30 d以内,制订一份详细的交通流计划报监理人审查批准。这个计划说明现有各种等级道路的交通流量和通行能力;施工材料的运输量和运输计划以及防止交通堵塞的措施。交通流计划避免在运输高峰期间进行本项目的高峰运输。

(2)施工期间,我方应按照交通流计划安排本项目运输,并在必要时请求工程监理方召集有当地交通部门参加的协调会议,讨论和修改本计划。

(3)我方强化对已有交通运输设施的保护意识,严禁超限运输。

九、投入施工计划

按招标文件配备满足要求的机械设备。

第二章 主要工程项目的施工方案、方法与技术措施
(尤其对重点、关键和难点工程的施工方案、方法及其措施)

本合同段主要项目为路基填筑(含路基加宽部位处理)、桥梁加宽、桥梁桩基、梁板预制安装、路面垫层、路面基层、路面面层。

一、路基填筑的施工方案和施工方法

路基填筑的施工方案如图1.18所示。路基填筑的施工方法如下。

1. 施工准备

(1)施工测量。现场恢复和固定路线,测放出路基用地界桩、坡脚、路堑堑顶、截水沟、边沟、护坡道等的具体位置,报请监理工程师审批。

(2)调查与试验。对施工范围内的地质、水文、障碍物等情况进行详细调查。对挖方路

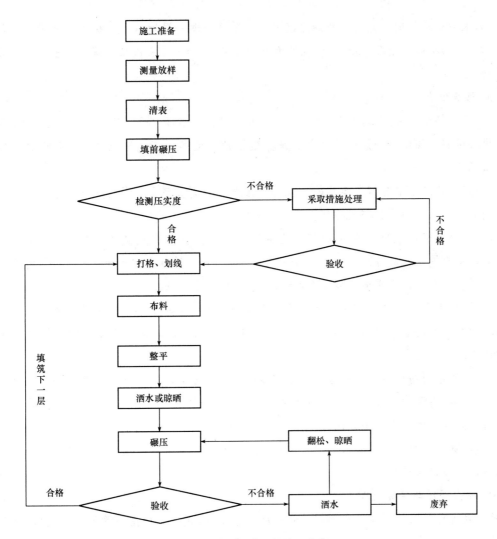

图 1.18 路基填筑的施工方案

段、借土场的填料取具有代表性的土样进行试验。将调查与试验结果以书面形式报请监理工程师审批。

2. 场地清理

(1)移除路基用地范围内的树木、灌木丛等，用推土机、挖掘机清除路基用地范围内的垃圾、有机物残渣及取土坑原地面表层(100～300 mm)腐殖土、草皮、农作物的根系和表土。一般填、挖方清表厚度均为 80 mm，将填方地段原地面清表后碾压，清表加碾压厚度为旱田段 150 mm、水田段 250 mm。

(2)按设计图纸要求拆除老路堤与新路堤交界的路缘石、旧路肩、边坡防护、边沟及原有构造物的翼墙或护墙，然后自坡角向上挖台阶。

(3)场地清理完成后，全面进行回填并用振动压路机进行填前碾压，压实度达到规定的压实度(不小于 90%)。

(4)水田施工区施工前先行阻水，排水晾晒后填筑 0.7 m 厚石渣。

(5)水塘地基处理。先将水排除至路基外并妥善处理→原地清淤泥晾晒→换填石渣至淤泥(或常水位)标高以上50 cm(换填宽度为坡脚外2.0 m)→在石渣顶填筑山皮土、砂砾石土至原地面。

3. 路基填土

(1)用与将来全线施工所用相同的材料和机具填筑长度不小于100 m的试验路段。确定不同机具压实不同填料的最佳含水量、适宜的松铺厚度和相应的碾压遍数、最佳的机械配套和施工组织。

(2)路基填筑采用自卸汽车运输、推土机摊平、平地机精平、振动压路机碾压。压路机压不到的地方采用小型打夯机夯实。

(3)路堤填筑从最低处分层填筑,逐层压实,地面自然横坡陡于1:5时或纵坡陡于12%时,将原地面挖成台阶,台阶宽度不得小于2 m,台阶顶做成大于4%的内倾斜坡;砂类土上则不挖台阶,将原地面以下200~300 mm的表土翻松。

(4)按路面平行线分层控制填土标高,每层松铺厚度≤0.3 m,分层平行摊铺,每层填料铺筑的宽度满足每侧超出路堤的设计宽度300 mm以上,以保证修整后的路堤边缘有足够的压实度。

(5)土质不同的填料,水平分层、分段填筑,分层压实,同一水平层路基的全宽采取同一种填料、不得混填,每种填料压实后的总厚度不小于500 mm。土方填筑路堤最后一层时,压实后的厚度不小于100 mm。

(6)加宽旧路堤时,应沿旧路堤边坡挖成向内倾斜的台阶;所用填料宜与旧路堤相同或选用透水性较好的材料。

4. 冲击碾压与强夯处理

(1)主线加宽以及新建左线两构造物长度小于150 m(构造物指圆管涵及以上),全部用强夯补压,分别为清表碾压后路基填筑1.5 m、路床顶面下20 cm和中间部位,根据路床顶面高度不同采用单击1 000 kN·m夯击能来确定中间强夯的补压层数。

(2)主线单侧加宽宽度小于12 m且两构造物长度大于或等于150 m,清表碾压后填筑1 m和路床顶面下20 cm采用25 kJ冲击压路机冲击补压,行驶速度应≥12 km/h,冲击碾压遍数为20遍,桥头搭板外侧15 m范围内采用单击1 000 kN·m夯击能;中间部位采用强夯补压,根据路床顶面高度不同用单击1 000 kN·m夯击能来确定中间强夯的补压层数。

(3)主线单侧加宽以及立交区变速车道单侧加宽宽度大于12 m且两构造物长度大于或等于150 m,清表碾压后填筑1 m和路床顶面下20 cm采用25 kJ冲击压路机冲击补压,行驶速度应≥12 km/h,冲击碾压遍数为20遍;根据路床顶面高度不同采用冲击补压有效影响深度1.5 m,来确定冲击补压的层数。桥头搭板外侧15 m范围内采用单击1 000 kN·m夯击能。

(4)新旧结合处采用错轮强夯,横向宽度2 m,分别为清表碾压后路基填筑1.5 m、路床顶面下20 cm和中间部位,根据路床顶面高度不同采用600 kN·m夯击能来确定中间强夯的补压层数。

(5)新建路基两个构造物之间的长度大于150 m,采用冲击补压三层,分别在路基顶面、填高1.5 m、路床顶面下20 cm全宽路基上采用25 kJ冲击压路机冲击补压,行驶速度应≥12 km/h,冲击碾压遍数为20遍。

(6)强夯补压和冲击补压有重叠的段落,施工顺序为先强夯补压后冲击补压。

5. 桥涵及结构物的回填

(1)采用砂砾、碎石、矿渣、碎石土等透水性材料回填台背。

(2)基坑回填在隐蔽工程验收合格后进行。基坑回填分层填筑、分层压实,分层厚度宜为100～200 mm,采用振动压路机碾压,压路机无法碾压的地方,采用小型夯实机夯实。

(3)在台背或墙背用油漆做上每层(填土厚度记号)压实后的厚度记号并标明层次,以便施工时易于控制填筑厚度。

(4)台背回填部分的路床与路堤路床同步填筑,桥台背和锥坡的回填同步进行,涵洞涵身两侧对称分层回填压实,一次填足并保证压实修整后能达到设计宽度。

(5)台背及与路堤间的回填施工要按设计做好过渡段,同时做好纵向和横向防排水系统。

6. 路基结合部处理方案

原高速公路边坡是新老路基结合的连接面。因此,施工中要求对原路边坡进行深层削坡,不允许存留腐殖土和松软土体,须将软弱的结合面处理成牢固的结合面。

(1)挖除原边坡:在路基加宽时,首先对原路基坡面清表,然后从原路基坡顶边缘按1∶1坡度挖出原松软边坡,按原材料质量要求,不能利用的部分全部弃掉,可利用部分填在新路基坡角处。

(2)挖台阶:在结合部开挖内倾台阶,台阶高为80 cm,宽为40 cm,将台阶底面做成与路中心线成3‰的横坡,台阶挖至与原路面齐平,这样可以增加新旧路基之间的摩擦力,防止新路基侧移,如图1.19所示。

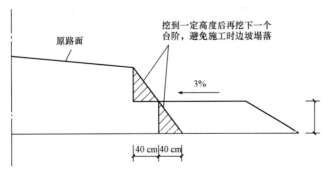

图1.19 挖台阶

7. 路基加宽施工关键技术要求

为确保加宽路基的质量,尽量减少或消除新旧路基的不均匀沉降,因此对路基施工做如下要求:

(1)对原路基边坡要挖大台阶,若新旧路基衔接部位的路基土含水量过大要经过晾晒或换填处理,路基填料应选择集料较多的碎石土砂砾作填料,以增加新旧路基的啮合力。

(2)新填路基在填完第一层石渣后,用冲击碾碾压20遍,如图1.20所示。

(3)新路基每填筑五层,用冲击碾碾压10遍;每填筑10层,用冲击碾碾压20遍;对新旧路基衔接部位,多压2~3遍。

(4)对关键部位,如新旧路基衔接处、高填方段、桥头以及冲击碾压不到的部位,必须进行强夯处理(图1.21)。

图1.20 加宽冲击碾压

图1.21 路基加宽强夯

(5)新旧路基结合部每层填筑完成以后要保证有向外3%的横坡,并且没有凸凹不平的地方,以防止积水。

(6)挖除原硬路肩和原路基边坡作业要求:

1)在原硬路肩与行车道交界处必须用切割机割缝,以保证挖出硬路肩时不破坏已有路面;将原硬路肩路面连同土路肩下挖至新路面以下80 cm,并做成向外4%的横坡,以利于排除路基内渗水;由于原硬路肩处于新路重车道位置,因此必须做特殊处理,除正常碾压和使用25 kJ冲击碾碾压外,还须进行强夯处理,如图1.22所示。老路硬路肩开挖后,除挖出的沥青混凝土弃掉外,基层、垫层的路基填料,均可作为利用方直接填筑路基。

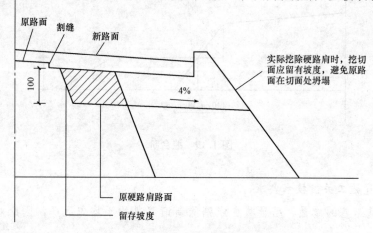
图1.22 原硬路肩处的特殊处理

2)在硬路肩挖除后,如该部位原路基填料为石渣、砂砾、矿渣,可直接整平进行碾压,然后再正常作业,碾压时应用冲击碾碾压20遍,以不出现轮迹、弹软为标准;如原填料为土质,以土质强度CBR≥4%,碾压后压实度≥94%为合格。对不能满足上述要求的土质要进行换填。

3)在硬路肩开挖时,从沥青切缝处开挖后向外形成1:1坡度,以保证新填部分与老路结合。

8. 路基施工技术要点

(1)路基加宽施工技术要点。

1)路堤加宽和边沟回填土的压实度不能低于旧路基土的压实度。新填土的压实度应适当提高1%~2%,以免路基加宽和边沟回填的地方出现沉陷。

2)当旧路基为翻浆土时,路基的上部分应填筑砂土,或者铺筑一层15 cm无机结合料。

3)在加宽路堤时,填料如果是粗粒碎石屑,若其中2 mm以下颗粒占30%~50%,35 mm颗粒占15%,这种材料会得到最好的压实效果。在夏期施工时,要按规范要求给粗粒碎石屑适当加水,在雨期施工时,要在每一层碎屑之后立即压实,以免过湿。

4)在加宽深度小于2 m的路堑时,先将边坡的种植土挖去。当路堑深度大于6 m时,先填平边沟并压实,然后从边坡上切土运走,逐次下移,最后至底部开始处理边坡,并对加宽的土路肩进行加固处理。

(2)新旧路基连接部处治技术要点。

1)基底处理方案。清除路基范围内的原地表草皮及表土,挖除树根,推平、碾压,使之达到要求的压实度。基底应在填筑前进行压实,压实度不小于90%。基底原状土的强度不符合要求时,应进行换填,深度不小于30 cm,且分层压实达到规定要求。对于路基填方低于80 cm的路段,下挖地基80 cm,然后填筑砂砾至路基顶面。

①低路堤处治。对于低路堤,当地基土不是十分软弱时,新拓宽段地基部分可以按一般路基进行填筑,必要时可进行换填和加固。施工中应尽量利用原状土结构强度,不扰动下卧层。在路基填筑时如有必要可铺设土工布或土工格栅,以加强路基的整体强度及板体作用,防止路基不均匀沉降而产生反射裂缝。

②高路堤处治。高路堤拓宽部分地基必须进行特殊处理。如果高路堤拓宽部分为软土地基,应采取措施加强处治。施工中为了确保路基稳定、减少路基工后沉降,对高路堤拓宽可采取粉喷桩、砂桩、塑料排水板、碎石桩等处理措施,并配合填筑轻型材料。在高路堤的处治过程中,不宜单独采用只适合于浅层处治,以及路基填土较低等情况的换填砂石或加固土处治。

高路堤一侧拓宽时,应防止新路基失稳,防止施工过快,使路基滑动。高路堤拓宽时,一定要进行路基稳定性验算,采取有效措施,防止路基失稳。

2)新旧路基衔接的技术处理措施。

①清除旧路肩边坡上草皮、树根及腐殖土等杂物。

②将旧土路肩翻晒或掺灰重新碾压,以达到质量要求。

③修建试验路,改进路基开挖台阶的方案,由从土路肩开始下挖台阶,改为从硬路肩开始下挖台阶,以消除旧路基边坡压实度不足,加强新旧路基的结合程度,减少新旧路基结合处的不均匀沉降。

二、防护工程施工

1. 挡土墙的施工

(1)基础采用人工配合挖掘机开挖,经检测地基承载力符合要求后,开始砌筑。

(2)砌筑时两面立杆挂线或样板控制,外面线顺直整齐,逐渐逐层收坡,内面线大致适顺,在砌筑过程中经常校正线杆,以保证砌体各部分尺寸符合设计要求。

(3)砌体分段分层坐浆砌筑,工作段的分段位置在沉降缝处,各段水平缝要一致,分段砌筑时,相邻段的高差不宜超过1.2 m。砌筑中断后再砌筑时,将砌层表面加以清扫和湿润。

(4)按设计要求设置泄水管。

(5)砌体完成后,要及时进行勾缝,沉降缝采用沥青麻絮填塞。

(6)砌体采用土工布覆盖,洒水养护。

2. 植草防护

(1)人工整修坡面,覆盖种植土。

(2)将定量的水和土壤改良剂加入喷播机,充分搅匀,然后将其他材料加入喷播机,均匀搅拌15~20 min。

(3)从坡顶顺坡面往下依次喷播;喷枪以正对上坡左右偏45°~60°范围以全扇面或半扇面喷播。

(4)喷播后,及时覆盖无纺布,进行养护。

具体节点工期(图1.23)如下:

1. 施工准备: 接到中标通知书—2014.04.28
2. 路基处理: 2014.04.29—2014.05.31　　　共33日历天;
3. 路基填筑: 2014.04.29—2014.10.31
   2015.04.01—2015.06.30　　　共277日历天;
4. 涵洞: 2014.04.29—2014.07.31　　　共94日历天;
5. 通道: 2014.04.29—2014.08.31　　　共125日历天;
6. 防护及排水: 2014.04.29—2014.10.31
   2015.04.01—2015.10.31
   2016.05.01—2016.09.20　　　共543日历天;

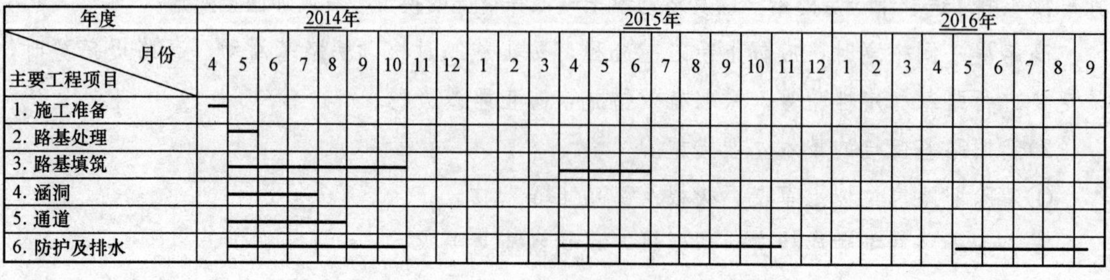

图1.23 节点工期

项目二 路面工程施工组织设计

路面工程施工组织设计是在路面施工之前编制的指导性文件,其主要包含路面施工方案、施工进度计划、资源需要量计划、施工平面布置图等方面,主要为路面施工过程提供相关的技术指导。本项目以实际路面工程施工为载体,介绍施工方案的编制方法、施工进度横道图及斜线图的绘制方法、资源需要量的编制方法、施工平面图的布置方法。

任务一 制订路面工程施工方案

知识目标

1. 掌握路面工程施工方法;
2. 掌握编制路面施工方案应考虑的主要因素;
3. 掌握常用的路面施工机械;
4. 掌握施工机械的组合方法。

能力目标

1. 能根据工程概况选择正确的施工方法;
2. 能根据施工方法合理配置施工机械;
3. 能编制路面工程施工方案。

一、工程概况

本工程全长为 28 km,一级公路,路基宽度为 26 m。路面工程的工程数量如下:
20 cm 砂砾垫层:人工砂砾垫层数量为 146 524 m^2;
底基层:厚度为 20 cm 石灰粉煤灰稳定土,数量为 185 856 m^2;
基层:石灰粉煤灰稳定碎石,厚度为 30 cm 的基层数量为 286 277 m^2;
透层:透层数量为乳化沥青 299 046 m^2;
下面层:厚度为 6 cm 中粒式沥青混凝土,数量为 42 375 m^3;
上面层:厚度为 4 cm 沥青玛琋脂碎石混合料,数量为 27 823 m^3。

二、施工方案

路面结构层的施工方法不多,通常天然材料垫层和底基层施工主要以平地机配合压路机为主进行施工。无机结合料稳定类底基层和基层、粒料类级配碎石底基层和基层,可采用路拌法和厂拌法两种方法施工。其中,路拌法又可分为筛拌法和翻拌法。粒料类填隙碎石基层也可采用干法和湿法施工,其工艺过程分别为:干法施工→洒少量水→终压;湿法施工→洒水饱和→碾压滚浆→终压。

采用路拌法施工时,由于难以准确控制灰、土剂量,其与厂拌法相比,混合料的内在质量比较差。所以,水泥稳定混合料的拌和应采用厂拌法;混合料的摊铺应用监理人批准的机械进行。

常见的沥青路面有热拌沥青混合料路面、沥青贯入式路面、上拌下贯式沥青路面和冷拌沥青混合料路面等。其中,热拌沥青混合料路面常用于高速公路和一级公路的面层,也可用于市政道路和其他等级的公路上;贯入式沥青碎石和上拌下贯沥青碎石只可作三、四级公路的面层;冷拌沥青混合料可用于交通量小的三、四级公路的面层。

进行热拌沥青混合料路面施工时,必须在拌合厂采用拌合机拌制混合料,使用摊铺机实施摊铺作业。拌合设备的选型应根据工程量和工期综合考虑,而且拌合机的生产能力应与摊铺能力相匹配,最好高于摊铺能力5%左右。

沥青贯入式路面是在初步压实的碎石层上浇灌沥青,再分层撒布嵌缝料,逐层浇洒沥青后所形成的4~8cm厚的路面面层。施工时,主层料可采用碎石摊铺机或人工摊铺,嵌缝料用集料撒布机撒布,沥青用洒布车喷洒,并配合压路机逐层碾压成型。若上面加铺沥青混合料形成上拌下贯式路面时,上面层通常采用"厂拌配合摊铺机摊铺"的施工工艺。

沥青表处路面可采用层铺法或拌合法施工。比较普遍采用的是层铺法,即将沥青材料和矿质材料分层交替洒布,分层碾压成型。拌合法可热拌热铺或冷拌冷铺,采用厂拌机摊铺工艺施工。

水泥混凝土路面施工有三种方法,即小型机具施工、轨道式摊铺机施工和滑模摊铺机施工。小型机具施工主要是指搅拌机拌和混凝土、平板式振捣器配合磨光机抹光成型的施工工艺过程;轨道式摊铺机是混凝土摊铺的专用机械,其工艺过程为:将其搁置在轨道上向前推进,实现混凝土摊铺和刮平,振捣梁配合振捣提浆,磨光机抹光成型;滑模摊铺机的施工工艺过程与轨道式摊铺机基本相同,它是将各作业装置装载在同一机架上,通过位于模板外的行走装置随机移动滑动模板,迫使路面挤压成型,一次完成摊铺、振捣、整平等多道工序。

三、拟建工程施工方案

(一)灰土层施工

1. 准备下承层

(1)灰土的下承层路基表面应平整、坚实、具有规定的路拱,下承层的平整度和压实度应符合路基质量标准的规定。

(2)对土基必须用 12~15 t 三轮压路机或等效的碾压机械进行 3~4 遍碾压检验。在碾压过程中,如发现土过干、表层松散,应适当洒水;如土过湿,发生"弹簧"现象,应采用挖开晾晒、换土、掺石灰等措施进行处理。

(3)对于底基层,应进行压实度检查;对于柔性底基层,还应进行弯沉值检验。凡不符合设计要求的路段,必须根据具体情况,采取措施,使之符合设计要求。

(4)对于老路面,应检查其材料是否符合底基层材料的技术要求,如不符合要求,应翻松老路面并采取必要的处理措施。

(5)对于底基层或老路面上的低洼和坑洞,应仔细填补和压实;搓板和辙槽应刮除;松散处,应耙松洒水并重新碾压,达到平整密实。

(6)新完成的底基层或土基,必须按设计土基的质量标准的规定进行验收。凡不合格的路段,必须采取措施,使其达到标准后,方可铺筑石灰粉煤灰土层。

(7)在槽式断面的路段,两侧路肩上每隔一定距离,交错开挖泄水沟。

2. 施工放样

(1)在土基或老路面上进行恢复中线测量,直线段每 15~20 m 设一桩,平曲线段每 10~15 m 设一桩,并在两侧边线外设指示桩。

(2)进行水平测量,在两侧指示桩上用明显标记标出路面中心设计标高。

3. 材料准备

(1)土。塑性指数为 12~20 的黏性土,易于粉碎,便于碾压成型。有机质含量超过 10% 的土不宜选用。含有硫酸盐 0.8% 的土类不宜选用。塑性指数偏大的黏性土,应加强粉碎,粉碎后的土块的最大尺寸不应大于 15 mm。

(2)石灰。石灰的技术指标应符合规范的规定。应尽量缩短石灰的存放时间,石灰在野外堆放时间较长,应覆盖防潮。

(3)水。凡饮用水(含牲畜饮用水)均可使用。如遇可疑水源时应经化验合格后方可使用。

4. 拌和准备

(1)备土。

1)采集土前,应先将树木、草皮和杂土清除干净。

2)应在预定的深度范围内采集土,不应分层采集,不应将不合格的土采集在一起。

3)当需分层采集土时,应将土先分层堆放在一个场地上,然后从前到后将上下层土一起装车运送到现场。

4)对于塑性指数大于 12 的黏性土,采用机械拌和时,可视土质和机械性能确定是否需要过筛。

(2)备石灰。

1)备用生石灰,应选择适当存灰点,以地势较高,近水源,有电源,有交通通道,离居民点有一定距离为宜,以免雨季被泡、调运困难等。

2)为防止大堆石灰的底部消解不透或承受较大的灰堆压力,影响石灰消解过程中的膨胀,存灰点堆存石灰的高度不宜超过 3 m。

3)钙石灰应在用灰前 5 d 以上消解完毕,镁石灰应充分消解 10 d 以上方可使用。

4)使用磨细生石灰粉,宜备用袋装钙质石灰粉,并宜现用现备,运抵现场即投入使用。短期存放可于路侧架设木板堆放,以苦布苫盖。存放时间较长或雨季应存贮在防雨棚中,并于棚内架设木板堆放。

5. 混合料的摊铺、碾压

(1)把拌和好的混合料以中型推土机摊铺,平地机找平,以 30 t 钢胶轮振动压路机排压。

(2)现场检测混合料含水量,当含水量接近最佳含水量(±1%)时,用 30 t 钢胶轮振动压路机静压一遍。

(3)平地机整平。

(4)先用 30 t 钢胶轮振动压路机振动碾压 2 遍,再用 18 t 全钢三轮静力压路机碾压 2 遍,最后用 30 t 胶轮压路机碾压。在胶轮压路机碾压前,根据天气情况,用洒水车适当洒水,既可使施工路段表面湿润,又不粘轮,消除起皮现象。

(5)随时进行压实度检测,采用灌砂法全厚取样,测点随机选择。

(6)做好对成型后的二灰土底基层洒水养护,使其保持湿润。

6. 养生与交通管制

(1)灰土在养生期间应保持一定的湿度,不应过湿或忽干忽湿。养护期不宜少于 7 d。每次洒水后,应用两轮压路机将表层压实。

(2)在养生期间未采用覆盖措施的灰土上,除洒水车外,应封闭交通;在采用覆盖措施的石灰粉煤灰土层上,不能封闭交通时,应限制车速不得超过 30 km/h,禁止重型卡车通行。

(3)灰土底基层养护期结束后,应尽快铺筑基层。

(二)砂砾掺灰层

砂砾掺灰混合料采用集中厂拌,15 t 自卸汽车运输,摊铺机摊铺,单钢轮振动压路机配合 18~21 t 钢静轮压路机、胶轮压路机碾压。摊铺采用两台同型号摊铺机形成梯队联合全断面机械摊铺,两台摊铺机前后距离为 10~30 m,两台摊铺机轮迹重叠 50~100 mm。

(1)材料要求。所有原材料进场前均须报请监理工程师检测批准。用于砂砾掺灰层的集料级配应符合规范要求;软弱颗粒和针片状含量不超标,不含山皮土等杂质;各种材料堆放整齐,界线清楚。

(2)铺筑试验段。在正式开工前,按规范要求铺筑长度不少于单幅 100 m 的试验段,通过试验段施工前要确定以下事项:

1)施工材料的质量及混合料的配合比;

2)混合料松铺系数;

3)各种施工机械的组合及操作方式；

4)标准的施工程序与方法；

5)施工组织体系及质量保证体系。

根据试验段施工收集到的资料和检测结果，认真分析总结并形成"试铺总结"，报业主及监理工程师审查确认，以指导正式施工。

(3)清理下承层。混合料施工前，应对监理验收合格的下承层进行彻底清扫，清除各类杂物及散落材料，用土培好路肩，摊铺时，要保证下承层表面湿润，但不能出现水洼。

(4)测量放样。

1)预先对路线水准点进行仔细复核测量。确认水准点没有问题后再放样。

2)根据水准点放设高程控制基准线和摊铺边线。

3)摊铺现场由两名测量员同时盯岗。每日标高的总结验收工作均由定钢钎的测量员完成，并当天整理记录，工长签字后报主任工程师、相关设备操作人员各一份。

4)跟在摊铺机后的测量员、现场工长、压路机司机、摊铺机司机应相互密切配合，以确保标高合格率。

(5)拌和。拌和设备须配有足够料斗，能够准确控制各种材料的数量，保证配料精确，且应性能良好，完好率高。

1)集料必须满足级配要求。

2)料仓前设有剔除超粒径石料的筛子。

3)拌和现场派有一名试验员监测拌和时的掺灰剂量、含水量和各种集料的配合比，发现异常要及时调整或停止生产，掺灰剂量和含水量按要求的频率检查，并做好记录。

4)各料斗应配备1~2名工作人员，时刻监视下料情况，并人为帮助料斗下料，不准出现卡堵现象，否则应及时停止生产。

5)拌和含水量应较最佳含水量大0.5%~1%，以补偿运输摊铺碾压过程中的水分损失。

(6)运输摊铺。运输采用15 t自卸汽车，摊铺采用两台自动找平具有振捣夯实功能的大功率摊铺机形成梯队全断面摊铺。

1)使用大型自卸汽车运输拌合料至施工现场。

2)摊铺前应对下承层洒水，使其表面湿润。

3)两侧均设基准线、控制高程。

4)摊铺机行进速度要均匀，中途不得变速(不管何时)，其速度要和拌和设备的拌和能力相适应，最大限度地保持匀速前进、摊铺不停顿、不间断。

5)摊铺机后设专人处理局部离析等缺陷。

(7)碾压。用振动式压路机2台和18 t三轮压路机2台及时进行碾压，其方法为首先用振动式压路机静态碾压一遍，然后振动碾压，再用三轮压路机和胶轮压路机碾压，达到要求的压实度，并保证表面无轮迹(碾压遍数和方法根据试验段数据确定)。

碾压过程基层表面要保持湿润，出现干燥、松散现象时用喷雾方法适当洒水润湿。

(8)摊铺和碾压现场设专人检验，修补缺陷。

1)要有测量员盯在现场,不断检测摊铺和碾压后的标高(左、中、右)及时纠正施工中的偏差。

2)挖除大料窝点及含水量超限点,并换填合格材料。

3)用拌和好的水泥石屑对表面偏粗的部位进行精心找补。

4)对由于摊铺机停顿和碾压推移产生的拥包、拥坎,用铁夯人工夯除。

5)用三米直尺逐段丈量平整度,发现异常立即处理。

6)快速检测压实度,压实度达到98%以上,压实不足尽快补压。压实度控制时一定要留有余地,尽量多压1~2遍,自检时压实度按提高一个百分点掌握。

(9)接头处理。接头一律为垂直衔接,或用方木进行端头处理,或碾压后挂线直接挖除至标准断面,用3 m直尺进行检验,以确认接头处理是否到位。横向施工缝可利用构造物接缝,尽可能不设或少设横缝。

(10)检验。成型路段各项指标的检验应在24 h内完成,首先表面应均匀无松散等现象(跟踪检验),各项质量指标应满足标准要求,自检合格报请监理工程师验收。要求在沥青面层施工前,对砂砾掺灰层的标高逐段进行复测,凡标高超出部分,必须用铣刨机铣除。

(11)养护。养护是非常重要的一道工序,它直接影响结构层的成型强度和表观质量,因此设专人和专门设备进行养生。

碾压完成后应立即进行养护,养护时间不少于7 d。养护采用铺麻布洒水(或塑料薄膜)养护。水泥碎石基层7 d后可采用封层养生。

养护期内(7 d)除洒水车外,应彻底断交,采取切实禁止车辆通行的强制措施(如设路障、专人看管等)。即使超过养护期未作封层前也必须断交。

(12)施工要点。

1)自加水拌和到碾压完毕的延迟时间不大于2 h,即一定要在此时间段内完成施工和压实度检测。

2)养护期内或作封层前要彻底断交,严禁一切车辆通过。

3)砂砾掺灰层具有不可再塑性。因此施工时一定要精益求精,除铣刨外,一切缺陷的修补都要在允许的延迟时间内完成。

4)摊铺过程中因故停机超过2 h,要按工作缝(接头)处理。

5)由于砂砾掺灰层的时效性强,各项组织、准备一定要充分,衔接要紧密,施工要连续(一天只留一道工作缝,中午不间断),最大限度地减少施工损失,并提高质量。

6)不准在边坡、路肩及中央分隔带内抛废弃料。

7)配料准确,尤其是掺灰剂量更要准确(至关重要)。

8)对集料堆要进行覆盖,防止淋雨结团,计量失准。

(三)透层

(1)为提高透层的渗入效果,最好在基层施工完毕后12 h内施工完透层,我公司将根据水泥稳定碎石基层的施工进度来安排透层的施工时间，以便较好地保证透层的透入深度。

(2)施工透层前彻底清除基层表面浮灰，尽量使基层顶面集料颗粒部分外露，确保透层油透入基层一定的深度，使下封层与基层粘结牢固。在洒布透层油之前，应预热并疏通油嘴，保证透层油洒布的均匀性。

(3)喷洒透层油时，用沥青洒布车喷洒乳化沥青，洒布量通过试验路段来确定，应符合项目要求，用量控制在 0.9 L/m^2，按照首件施工取得的数据和经验在正式施工时严格执行，洒布人员不得随意调整或更改，并应确保透层油洒布量和洒布的均匀性，保证透入效果良好且深度满足要求。

(4)施工过程中切实加强对沥青的黏度、针入度、蒸馏残留物含量的控制，确保施工质量。

(5)洒布前应对人工构造物(如路缘石)进行塑料薄膜防护，以防止污染。

(四)黏结沥青层

1. 施工方法

(1)先用人工清扫表面的杂物，对局部泥土污染采用钢丝刷清理干净，再用森林灭火机清理工作面上的浮灰和杂物。

(2)根据试验确定的参数进行控制，使沥青洒布均匀，做到既不喷量过多也不漏洒。

(3)粘层沥青采用沥青洒布车均匀地洒布，并按《公路路基路面现场测试规程》(JTG E60—2008)中有关要求和方法检测洒布用量。

2. 施工注意事项

(1)粘层沥青采用沥青洒布车喷洒，均匀洒布，喷洒过量的进行刮除。

(2)在粘层沥青喷洒完毕后，应进行交通管制，禁止车辆、行人通过。

(3)路面有尘土及脏物时应予以清除，当气温低于 10 ℃或路面湿润时不进行粘结层施工。

(五)沥青混凝土上、下面层施工

1. 测量放样

沥青混凝土面层摊铺采用挂基准线的方法，纵向桩距为 5 m。测量放样分两组，一组主测，另一组复核，确保高程误差控制在一定范围内。基准线架设完毕复核无误后，设专人看管，并在基准桩上设醒目标志，以防施工中可能发生的碰撞。

2. 材料准备

本工程所有沥青混凝土全部考虑外购。

3. 沥青混凝土的运输

(1)沥青混凝土用 15 t 以上自卸车运至工地，数量应充足，车厢内擦油水比为 1∶3 的隔离剂，但不得有余液积聚在车厢底部。

(2)沥青混凝土出厂时，要过磅检斤，控制每台车的装载量。同时要检测温度，并做好记录，摊铺前应再检测一次，如发现温度低于摊铺温度，应废弃不用。量测运输车上的沥青混凝土温度时，应量测 30 cm 深处温度。

(3)从拌合机向运料车上放料时，适当前后移动运料车，在运输中尽量避免急刹车，以减少拌合料离析。

(4)卸料时，设专人指挥，自卸车倒车至摊铺机推辊 50 cm 处换入空挡，由摊铺机推着向前运动，防止撞击摊铺机。卸料时要平稳，不能把料卸到地面上，地面上的散料要随时清除，以免破坏自动找平装置的适用性。

(5)拌和料运至摊铺地点后，质检人员要检查拌和质量、拌和料温度规范和设计要求，已结团或遭雨淋的拌和料不得铺筑。

4. 沥青混凝土摊铺

(1)摊铺前，要对摊铺机工作装置及其调节机构进行检查，使其调整到最佳工作状态。

(2)施工前应对熨平板进行预热 30 min 以上，缩小熨平板和沥青混凝土的温度，以防止摊铺过程中熨平板刮带拌和料。

(3)本工程采用招标文件规范所要求的摊铺机成梯队作业进行联合摊铺，相邻两幅的摊铺有 5~10 mm 宽度的摊铺重叠。相邻两台摊铺机相距以不得造成前面摊铺机的混合料冷却为宜。当混合料供应能够满足不间断摊铺时，尽量采用全宽度摊铺机一幅摊铺。

(4)摊铺厚度为设计厚度乘以松铺系数。熨平板初始摊铺厚度垫好后，在开始摊铺时，仔细测量其初始摊铺厚度，使摊铺机初始工作状态处于标准的摊铺厚度上。摊铺机熨平板工作角调整适当后，不得随意调整。

(5)设专人检验沥青拌和料，指挥自卸车卸料。摊铺前要存 5~6 车沥青拌和料，并且先到的沥青拌和料后铺，后到的先铺，以预热摊铺机，并保证接头沥青拌和料的温度。

(6)摊铺机摊铺速度应根据拌和设备和运输能力确定，以保证连续摊铺为原则。根据拌合机生产能力，保证均速不间断摊铺，摊铺速度应符合相关规范和设计要求。

5. 沥青混凝土的压实及参数确定

(1)碾压要求。

1)压实程序可分为初压、复压、终压三个过程。初压采用两台双驱双振压路机碾压两遍，第一遍碾压时压路机向前碾压时静压，返回时振压，第二遍可静压。压路机质量不同时，由轻到重。碾压速度可随碾压遍数适当增加。普通沥青混凝土碾压温度初压不低于 155 ℃，改性沥青混凝土碾压温度初压不低于 170 ℃，终压不低于 100 ℃。要配置专职人员指挥压路机作业，并设专人测温、记录、测平整度。

2)碾压时由路外边缘向中间一侧碾压，每次错轮二分之一。压路机作业时，驱动轮面向摊铺机。

3)碾压段长度在温度允许的情况下尽可能长距离碾压。初、复压的调头位置要呈阶梯形分布，并要错开 10 m 以上。错轮时在上一碾压段 20 m 以外逐渐错轮，以保证进入碾压段直线行驶。

4)为防止压路机粘轮，压路机安装喷水装置，喷洒用水为洁净水，以防堵塞喷嘴或污染路面。

5)本工程道路在各层按照上述要求碾压后,再使用压路机碾压5遍。

(2)松铺系数取得方法。首先测量基层或下承层顶面有代表性位置的高程数点,摊铺后测量该位置高程,当压实达到要求时,测量该点高程,计算压实后的沥青混凝土厚度,取各点数据平均值,再计算松铺系数,对初拟松铺系数进行现场调整,用来指导下一作业段摊铺。下一作业段中重复以上操作,直到测出合理的松铺系数。

(3)建立钻孔法和核子密度仪测定密度的对比关系。在不同作业段,复压时分别进行4遍、5遍、6遍碾压测定,同时用核子密度仪测定其压实度,并在测定处做标记,然后在该处取芯测定其压实度,建立碾压遍数和压实度关系曲线,并建立钻孔法和核子密度仪测定密度的对比关系。

6. 接缝的处理

(1)纵向接缝应把平整度超标的端头切除,做成与铺完路段方向大致成直角的断面。接缝时,在接口上均匀地涂刷一层热沥青,以利于结合。碾压时用钢轮压路机在已碾压好的路段上沿纵缝调整方向,每次向新铺的沥青拌和料错轮碾压15 cm,直至整个重量全部作用在新铺段上,用3 m直尺检测平整度,如不符合规定,要继续碾压或筛小料进行找补,保证平整度在规定范围之内。

(2)横向接缝应把平整度超标的端头切除,做成与铺筑方向大致成直角的断面。横向接缝在相连的层次和相邻的行程间均应至少错开1 m。接缝时,在接口上均匀地涂刷一层热沥青,以利于结合。摊铺机熨平板的前缘位于切缝10 cm处进行细料摊铺。然后用钢轮压路机在已碾压好的路段上沿横缝调正方向,每次向新铺的沥青拌和料错轮碾压15 cm,直至整个质量全部作用在新铺段上,用3 m直尺检测平整度,如不符合规定,要继续碾压或筛小料进行找补,保证平整度达到规定范围之内。

任务二 编制施工进度计划

知识目标

1. 了解施工进度计划在路面工程中的应用;
2. 掌握潘特考夫斯基法绘制施工进度横道图的方法;
3. 掌握施工进度斜线图的绘制方法。

能力目标

1. 能根据施工方案绘制路面工程施工进度横道图;
2. 能根据施工方案绘制路面工程施工进度斜线图。

子任务一　编制无节拍流水施工进度计划(潘特考夫斯基法)

在组织流水施工时，按照施工过程组织专业施工队进行施工，而在采用紧凑法绘制施工进度图时，不能保证每个施工队保持连续施工，造成专业施工队组待工现象，所以，在这里要介绍一种能保证施工队连续施工的方法，即潘特考夫斯基法。

在此项目中，组织流水施工的方法与紧凑法有相同之处，在流水步距的计算上与紧凑法是不相同的。组织方法如下：

(1)确定施工流水线，分解施工过程。本项目路面工程可按实际情况分为垫层、底基层、基层、透层、下面层、上面层六个施工过程。

(2)确定施工顺序，划分施工段。本项目路面工程可按实际情况分为工程量大小相近的四个施工段。

(3)计算各施工过程在各个施工段上的流水节拍，见表2.1。

表2.1　路面工程流水节拍表　　　　　　　　　　周

施工过程＼施工段	施工段1	施工段2	施工段3	施工段4
垫层	3	4	3	3
底基层	4	5	3	4
基层	5	3	4	2
透层	2	1	1	2
下面层	2	2	2	1
上面层	1	2	1	2

潘特考夫斯基法，简称"潘氏法则"，用来绘制施工进度横道图比较简便，只需通过潘特考夫斯基法确定相邻工序的最小流水步距 K_{min}，并据此作图，即可保证专业队连续作业。

本项目中流水节拍表见表2.1，采用潘特考夫斯基法确定最小流水步距的步骤如下：

(1)累加数列：即在流水节拍表中，按施工过程，每一横行，逐一累加。本例中如下所示：

垫　层：3，7，10，13　　　　底基层：4，9，12，16
基　层：5，8，12，14　　　　透　层：2，3，4，6
下面层：2，4，6，7　　　　　上面层：1，3，4，6

(2)错位相减：对相邻两个施工过程，将后一施工过程的累加数列向后错一位，然后用前一施工过程累加后的数列减掉后一施工过程的数列，如下所示：

垫　层：		3	7	10	13	
底基层：	−		4	9	12	16
		3	3	1	1	−

底基层：		4	9	12	16	
基　层：	−		5	8	12	14
		4	4	4	4	−

基　层：		5	8	12	14	
透　层：	−		2	3	4	6
		5	6	9	10	−

透　层：		2	3	4	6	
下面层：	−		2	4	6	7
		2	1	0	0	−

下面层：		2	4	6	7	
上面层：	−		1	3	4	6
		2	3	3	3	−

(3)取最大差：在错位相减后的数列中，把最大的数值选出，作为该相邻两个施工过程的流水步距。在本项目中，按施工过程的顺序分别记为1，2，3，4，5，6。流水节拍如下：

$$K_{1,2}=3；K_{2,3}=4；K_{3,4}=10；K_{4,5}=2；K_{5,6}=3$$

在流水步距已确定后，即可按最小流水步距进行绘制施工进度横道图，如图2.1所示。若采用紧凑法绘制施工进度横道图，则如图2.2所示。

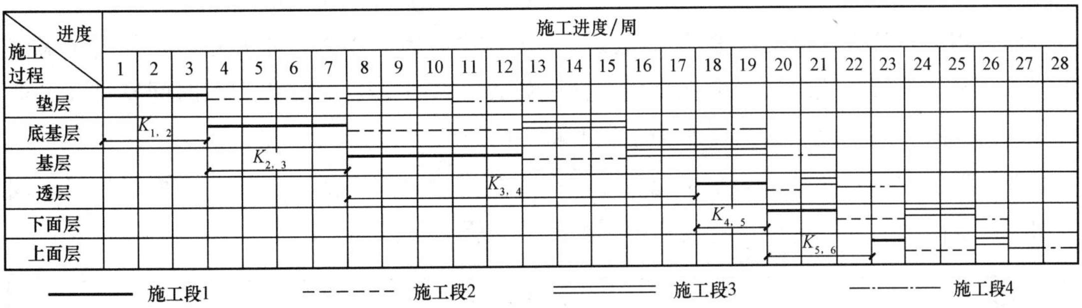

图 2.1　潘特考夫斯基法绘制施工进度横道图

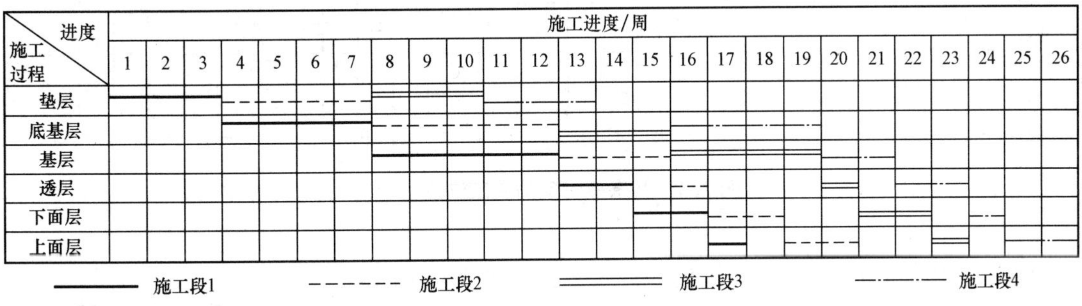

图 2.2　紧凑法绘制施工进度横道图

对比两种方式，采用紧凑法绘制的施工进度横道图，每个施工过程都是在具备两个要素，即施工队空闲和工作面空闲方可开始施工，并未考虑施工队开始工作以后的连续性，如透层施工，在第13周进入施工后，第15、17、18、19、21周，均在施工过程中出现空闲，下面层及上面层施工过程中也存在类似的问题。而采用潘特考夫斯基法绘制的施工进度横道图，施工队虽然没有在具备工作面时立即进入施工，但可以在进入施工以后，保持工作的连续性，不出现空闲时间，如透层施工，在第18周进入施工，但之后的工作是连续的，没有空闲时间。

采用潘特考夫斯基法绘制施工进度横道图时，因施工队都能连续作业，其总工期的计算相对简单，可按下式计算：

$$T = \sum_{i=1}^{n-1} K_{i,i+1} + \sum_{h=1}^{m} t_h + \sum Z_1 + \sum Z_2 - \sum C \tag{2.1}$$

式中　T——施工总工期；

　　　$K_{i,i+1}$——相邻两工序之间的最小流水步距；

　　　t_h——最后一道工序在各施工段上的流水节拍；

　　　Z_1——技术间歇时间；

　　　Z_2——组织间歇时间；

　　　C——平行搭接时间。

在本例中，没有间歇时间和搭接时间的情况下，总工期为

$$T = (3+4+10+2+3)+(1+2+1+2) = 28(周)$$

而采用潘特考夫斯基法绘制施工进度横道图，除考虑最小的流水步距外，仍需考虑流水间歇时间和平行搭接时间，为保证施工队能够连续作业，一般流水间歇时间安排在专业施工队进入第一施工段之前，流水步距加上相应的间歇时间。

在本项目中，若底基层与基层施工之间有平行搭接时间1周，透层与下面层施工之间有组织间歇时间1周，则施工进度横道图如图2.3所示。

图2.3　有搭接时间的施工进度横道图

在第7周时基层施工队可提前一周进入施工现场，而下面层施工队应在计算的流水步距2周的基础上，再加上1周的组织间歇时间，而后才能进入施工现场进行施工。总工期如下：

$$T = \sum_{i=1}^{n-1} K_{i,i+1} + \sum_{h=1}^{m} t_h + \sum Z_1 + \sum Z_2 - \sum C$$
$$= (3+4+10+2+3)+(1+2+1+2)+1-1 = 28(周)$$

潘特考夫斯基法

学生工作页

学习目标

能根据施工方案,采用潘特考夫斯基法绘制路面工程施工进度横道图。

学习过程

一、根据施工方案,分解施工过程

二、根据工程量及工程特点,划分施工段

三、计算流水节拍

流水节拍表

施工过程＼施工段					

四、计算流水步距

五、绘制施工进度横道图

六、计算总工期

子任务二　编制无节拍流水施工进度计划斜线图

一、斜线图的概念

斜线图(也称垂直图或坐标图)，是在流水作业斜线图的基础上扩充和改进形成的。其是以纵坐标表示施工日期和工程数量，以横坐标表示公路里程和工程位置，而各分部分项工程的施工进度则相应地以不同的斜线或符号表示的一种施工进度图形。

二、斜线图的常用格式

斜线图一般由三部分组成，即图的上部表示了各分部分项工程的工程数量按里程分布的具体情况和构造物的具体位置、结构形式等；图的中间部分用不同的斜线或线条表示了各工序的施工进度和作业组织形式，对应进度线的右侧按时间以一定的比例绘出劳动力需要量曲线；图的下部按里程绘制出施工组织平面示意图。

三、斜线图的特点

1. 优点

(1)各工程项目工程数量的颁布情况和施工日期一目了然；

(2)工程项目的相互关系、施工紧凑程度和施工速度都表示得十分清楚；

(3)从图中可直接找出任何时间各作业队的施工位置和施工情况，可以预测在正常施工条件下的施工进程。

2. 缺点

(1)不能确定工作的机动时间及关键工作；

(2)计划的编制及修改的工作量较大；

(3)不能使用电子计算机进行定量分析；

(4)不能进行计划方案的比较及选优。

斜线图适用于任何工程，是编制工程进度的一种较好的形式。

四、斜线图的绘制

1. 作图的准备工作

编制斜线图的准备工作与编制横道图的准备工作基本相同。

2. 编制作业工期计算表

编制斜线图作业工期表的内容和方法与横道图的基本相同。在列项时，线性工程要按里程顺序，并以公里为单位计量列项；集中型工程要按工程的桩号顺序，并单独计量列项(必要时还要按工程子目计量列项)。

3. 绘制施工进度线

(1) 根据作业项目的多少，绘制斜线图的图表轮廓。

(2) 根据合同或上级确定的工程开工、竣工日期，将施工进度日历绘制于图的上部。

(3) 列项计算各施工过程的劳动量、作业持续时间、劳动力及机械台数，一般可在作业工期计算表中算好。

(4) 按各施工过程的主导工期、施工方法、作业方式，依照施工组织原理，分别绘制出不同形状或符号的进度线，并按紧凑的原则，使各进度线相对移动到最佳位置，此项工作须进行反复比较、修改，直至符合要求。对于路面工程，一般组织成一段或多段连续施工，故进度线一般是一条或多条斜直线。斜线的垂直高度为路面施工的总工期，斜线的水平长度等于路面总里程。由于路基工程施工进度线起伏变化大，为了使路面线与路基线不致相交，应经过试排后再画。

(5) 进行反复优化、比较和修改。

(6) 绘制图例。

(7) 编写施工进度图的说明。

4. 做多个方案，进行比较、评价，择优定案

为了使施工组织符合施工实际，需要做多个比较方案，绘制几个施工进度草图，再经过反复平衡、比较、评价，最后才能确定采用的方案。

5. 施工进度计划的检查与调整

当施工进度计划初始方案编制好以后，应按照施工过程的组织原则对其进行检查与调整，以便使进度计划更加合理，这是一个细致的、反复的过程。对于初步编制的施工进度计划，主要检查各个施工过程的施工顺序、平行搭接和技术间歇是否合理；编制的计划工期能否满足合同规定的工期要求；劳动力及物资资源方面是否能满足连续、均衡施工的要求。在这些方面进行检查，并初步调整，使不满足变为满足，使一般满足变成优化满足。调整的方法一般有：增加或缩短某些分项工程的施工持续时间；在施工顺序允许的条件下将某些分项工程的施工时间向前或向后移动；必要时可以调整施工方法或施工技术组织措施。总之，通过调整，在工期能满足要求的条件下，使劳动力、材料、设备需要趋于均衡，主要施工机械的利用率比较合理。

应当指出，上述编制施工进度计划的步骤不是孤立的，而是相互依赖、相互联系的。公路工程施工是一个复杂的生产过程，在施工过程中，由于劳动力、机械、材料等物资的供应及自然条件等因素的影响而经常出现不符合原计划的情况，因而在工程进展中，应随时掌握施工动态，经常检查，不断调整计划。

学生工作页

学习目标

能根据施工方案,绘制路面工程施工进度斜线图。

学习过程

一、根据施工方案,分解施工过程

二、根据工程量及工程特点,划分施工段

三、计算流水节拍

流水节拍表

施工过程＼施工段						

四、计算流水步距

五、绘制施工进度斜线图

六、计算总工期

任务三　施工进度计划控制(曲线法)

知识目标

1. 了解施工进度控制的方法；
2. 掌握 S 曲线比较法在施工进度控制中的应用。

能力目标

1. 能根据施工进度计划及实际施工进度绘制 S 曲线图；
2. 能根据 S 曲线图进行施工进度控制；
3. 能根据 S 曲线图进行施工进度预测。

S 曲线法可直观反映工程项目施工的实际进展情况。通常，在计划阶段要绘制计划的 S 曲线，在项目的实际进展过程中，每隔一定时间将实际进展情况的 S 曲线绘在计划的 S 曲线上再进行比较，如图 2.4 所示。

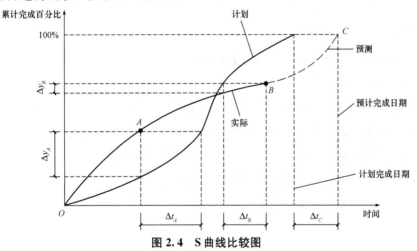

图 2.4　S 曲线比较图

从图 2.4 中可得到的信息如下：

(1)工程实际进度。如按工程实际进度描出的点落在计划 S 曲线左侧，表示此刻实际进度比计划进度超前，如图中的点 A；反之，则表示实际进度拖后，如图中的点 B。

(2)进度超前或拖后的时间。图中 Δt_A 表示在 t_A 时刻进度超前的时间；Δt_B 表示 t_b 时刻进度拖后的时间。

(3)工程量完成情况。图中 Δy_A 表示在 t_A 时刻超额完成的工程量；Δy_B 表示在 t_B 时刻拖欠的工程量。

(4)后期工程进度预测。图中虚线表示若后期工程按计划进度速度实施，则总工期拖延的预测值为 Δt_C。

S 曲线比较法

任务四　编制资源需要量计划

知识目标

1. 了解施工进度计划与资源需要量计划的关系；
2. 了解资源需要量计划编制的原则、依据及要求；
3. 了解资源供应计划的编制方法及编制程序；
4. 掌握施工项目劳动力需要量的计算方法；
5. 掌握劳动力需要量计划编制方法；
6. 掌握分部分项工程施工机具与设备需要量的计算方法；
7. 掌握主要施工机具与设备需要量计划编制方法；
8. 掌握分部分项工程材料供应计算方法；
9. 掌握主要材料计划表的编制方法。

能力目标

1. 能根据施工进度计划计算劳动力需要量；
2. 能编制劳动力需要量计划表；
3. 能正确选择并计算施工机具与设备需要量；
4. 能编制施工机具与设备需要量计划表；
5. 能根据不同的施工方法，确定材料种类并计算供应量；
6. 能根据各种材料的供应量计算其每日需要量；
7. 能编制主要材料需要量计划表。

子任务一　劳动力需要量计划

一、施工进度计划与资源需要量计划的关系

施工进度计划是编制资源需要量计划的先决条件和主要依据。在施工进度计划确定以后，才可依据施工进度计划编制资源需要量计划。

编制资源需要量计划时，首先按已确定的施工进度计划——横道图或网络图，确定每个施工项目的作业周期；其次根据作业周期和工程量计划各个施工项目在某一时段所需要的各种资源种类和数量；最后按时间顺序将各时段内的所有施工项目的同种资源逐项累加，

即可计算出每种资源随时间而变化的需要量。

资源需要量是随施工进度计划的变动和调整而变化的，施工进度计划的调整必然要引发资源需要量的变动。因此，资源需要量的确定必须与进度计划相适宜，并在执行计划过程中适应进度计划的变化，以满足进度计划的需要。只有这样，才能保持正常的施工节奏和施工秩序。否则，当资源组织不平衡或受限制，满足不了执行进度计划的需求时，不只会浪费资源而造成经济损失，甚至还会停工待料影响施工节奏，延缓工程进度。

施工进度与施工资源投入量成反比关系，即针对某个施工项目而言，施工资源投入量越大，其作业周期越短。当进度计划编制完成后，意味着每个施工项目的作业周期都已确定，据此，结合拟选的施工方法和工程量的大小，便可计算出所有的施工资源需要量。

通常处理施工进度与施工资源投入量之间的关系时，作如下考虑：当工期很紧时，通过选择合理的施工方法、施工机械和施工方式，努力创造施工条件，开创作业面，加大施工资源配置数量来压缩关键施工项目的作业周期；当工期较松时，则以正常的施工条件组织施工，合理配置施工资源即可。

资源供应计划与成本有着密切的关系，特别是材料供应计划，一定要切合实际编制，既要保证正常的施工需要，也要预见性地保持必要的储备，满足进度调整的需要。否则储备量过大，积压资金，增加施工成本，就会影响项目流动资金的周转，储备量过小又会影响施工进程。可见，在施工过程中，一定要处理好材料供应计划与进度计划的关系，以提高流动资金的周转率和利用率。

二、资源供应计划的编制原则

资源供应计划的优劣，对施工成本和进度均有直接影响，因此编制时必须遵循以下原则：

(1)遵行国家的法律、法规等法令性条文的有关规定。
(2)遵循国家各项物资管理政策和要求。
(3)因地制宜，按照市场供求规律编制资源供应计划。
(4)根据甲方的合同要约编制资源供应计划。
(5)尽量组织工程所在地的资源，以降低采购成本。
(6)资源供应量计划与施工进度计划相适宜，并有一定预见性储备或留有余地。
(7)结合施工企业的流动资金状况编制切实可行的资源供应计划。
(8)以满足施工质量、安全和进度等需要为前提。

三、资源供应计划的编制依据

(1)设计图纸及其工程量。
(2)施工方案及施工进度计划。
(3)发包人在合同条款中提出的特殊要求。

(4)资源储备及运输条件等。
(5)可供利用的资源状况。
(6)资源消耗量标准：主要指预算定额或企业定额中的材料、构件或半成品的消耗标准，机械台班消耗量标准，劳动力消耗量标准和周转性材料消耗量标准等。

四、劳动组织方式

劳动组织是指按照工程项目的建设目标，将具备一定劳动技能的劳动力组织起来，选择最佳的劳动组织方案，使之满足施工项目需要，并充分发挥劳动力的作用，提高工效，以求创造更多的物质财富。

劳动组织实质上是劳动者的劳动能力的组合，它与劳动者的职业技能、经验、文化程度、工作态度、团队意识和进取心等密切相关。劳动组织的目的就是将不同专长、不同技能的劳动者合理搭配起来，各司其职，各尽所能，为完成某一生产任务组建一个优质高效的团队，提高生产效益。

工程项目的劳动组织，除考虑项目经理部管理层的机构及其人员配备外，主要研究施工生产基层作业单位的设置及劳动力的配置问题，即施工队或班组的人员组合、工种结构、工人技术等级组合比例、每日用工数量及工程施工高峰期的用工数量等。另外，还研究工程项目全过程生产经营活动的用工数量的动态变化规律及机械化施工时人力资源的合理配置问题。

五、施工作业班组设置及其组织优化

施工作业班组按一般工艺原则来组建，即将具备某一专项技能的劳动者组织起来，为完成某个主要工序配置生产技术和作业人员，并配备必要的生产工具、机械和设备。

组建施工作业班组时一般应满足以下要求：

(1)保证每个成员的最小工作面。最小工作面是指在满足施工安全操作规程的条件下，每个成员自如作业所占据的最小空间。它与工种和劳动工具的触及范围有关。一般据实测定，如人工开挖最小工作面为 $2.5 m^2$。

通常作业面上容纳的人工数量采用下式计算：

$$人工数量 = 施工作业面面积 m^2 / 最小工作面(m^2/人)$$

(2)同一工种工人的技术等级应搭配合理。一般技工的施工技术水平对工程质量和进度的影响较大，因此，充分调动技工的积极性，挖掘潜力，有益于保证工程质量和工程进度。但只有技工，没有普工辅助，技工的施工技术效力也难以发挥出来，故技工和普工应合理搭配，这样才能充分发挥技工的作用。通常根据施工需要，一个技工应有一个或几个普工辅助进行生产活动。

(3)按施工工艺要求的最低限度配备施工人数。当按工程量和进度要求，采用定额方法测算的人数低于施工工艺要求配置的最低人数时，应以工艺要求为主，配置劳动力。如钢筋加工按工程量和作业周期测算的用工数为 4 人，但钢筋加工要求运卸料和除锈 2 人，上料和下料 2 人，弯钩 1 人，共需 5 人，故钢筋加工作业应按 5 人配置。

六、施工队的设置及其劳动组织优化

施工队往往由若干个不同工种的施工作业班组组成,一般按对象原则进行组建,即为了完成某个分部分项工程、某一构件等成品,把技术上相互关联的作业班组或个人组合起来,以加工"成品"为对象而组建的施工作业单位。

组建施工队时的一般要求有以下几点:

(1)按机械作业需要配置辅助人工数量。施工队拥有完成不同工序的各种机械,机械化作业往往需要人力配合施工。当人机联动作业时,应根据机械的规格型号及其生产率合理搭配人工数量,争取达到人机联动的最佳生产效率。如利用摊铺机摊铺水泥石灰稳定砂砾和沥青混合料时,配置的人工数量就不一样。通常,在充分发挥摊铺机的作业效率的前提下,辅助作业的人工数量以够用为度。摊铺机辅助作业人工数量的多少与摊铺机的规格型号以及产量有关。

(2)紧前紧后工序的施工力量配置应协调一致。为了充分挖掘紧前工序的潜力,保证施工作业班组的最佳作业效率,配备劳动力时,应保持紧前紧后工序在施工能力上的比例关系,即紧后工序的生产能力一般应略大于紧前工序5%~10%,使各工序的总工效相等。

(3)根据施工技术含量配备必要的专业技术人员。施工队一般完成的是技术含量较高的施工项目,所以,应配置熟悉工艺流程和施工技术的专业技术人员,必要时还需配备测量、检测、安全等专业工程师辅助施工,围绕"成品"加工开展专业较强的生产技术工作。

(4)根据施工方式组建施工队。施工作业方式不同时,选择施工队的组成也不同。顺序作业和平等作业方式多数选用由不同工种的班组组成的综合施工队,而流水作业方式通常选用专业班组。

七、计算劳动力需要量

在本项目中,查《公路工程预算定额》,确定各施工过程的劳动力消耗量可得:

(1)完成 1 000 m² 砂砾垫层所需人工为 0.9 工日。
(2)完成 1 000 m² 石灰粉煤灰稳定土底基层所需人工为 4.4 工日。
(3)完成 1 000 m² 石灰粉煤灰碎石基层所需人工为 5.5 工日。
(4)完成 1 000 m² 乳化沥青透层所需人工为 0.3 工日。
(5)完成 1 000 m³ 中粒式沥青混凝土下面层所需人工为 25.2 工日。
(6)完成 1 000 m³ 沥青玛琋脂碎石混合料上面层所需人工为 30.4 工日。

按照本项目中的工程量,计算各施工过程所需工日总数见表2.2。

表 2.2 所需工日表　　　　工日

施工过程	垫层	底基层	基层	透层	下面层	上面层
劳动力需要量	671	3 217	3 990	210	1 067	846

八、编制劳动需要量计划表

根据施工进度图中的时间坐标进程,逐月(日)统计开工的施工任务(平行作业)的个数,并明确确定各施工任务的开工和结束时间,再汇总各施工任务(平行作业)的每班平均人数,即可绘制劳动力资源分布图,并编制劳动力需要量计划,见表2.3。

工程起始时间为4月1日。

表2.3 劳动力需要量计划表

作业时间		施工项目	劳动力分配/工日	需要量/工日	备注
4月1日	4月21日	垫层	7	7	
4月22日	5月19日	垫层	7	36	
		底基层	29		
5月20日	6月30日	垫层	7	76	
		底基层	29		
		基层	40		
7月1日	7月28日	底基层	29	69	
		基层	40		
7月29日	8月11日	底基层	29	74	
		基层	40		
		透层	5		
8月12日	8月25日	基层	40	67	
		透层	5		
		下面层	22		
8月26日	9月1日	透层	5	27	
		下面层	22		
9月2日	9月8日	透层	5	47	
		下面层	22		
		上面层	20		
9月9日	9月29日	下面层	22	42	
		上面层	20		
9月30日	10月6日	上面层	20	20	

学生工作页

学习目标

1. 能查询定额,确定各施工过程的劳动力消耗量;
2. 能根据施工进度图,计算劳动力需要量;
3. 能编制劳动力需要量计划表。

学习过程

一、查《公路工程预算定额》,确定各施工过程的劳动力消耗量

二、按照本项目中的工程量,计算各施工过程所需工日总数

三、编制劳动需要量计划表

根据施工进度图中的时间坐标进程,编制劳动力需要量计划。

劳动力需要量计划表

作业时间		施工项目	劳动力分配/工日	需要量/工日	备注
起始时间	终止时间				

子任务二 施工机具与设备需要量计划

一、机械化施工组织与施工过程组织的区别

机械化施工组织与施工过程组织是既有联系又有区别的两种不同的施工组织活动。

(1)组织目的不同。机械化施工组织的主要依据是施工总进度计划，它是在服从总进度计划的总体安排，并满足总进度计划的统一要求的基础上，针对主要机具设备的供应计划所进行的资源整合和优化。其目的如下：

1)合理选用和配置各个施工环节的施工机械，充分发挥各种机械的效能。

2)合理利用施工机械设备，充分发挥施工主导机械的作用，提高相应施工环节的生产率，加快关键工程等重要施工环节的作业进度。

3)科学维护和保养施工机械设备，提高机械完好率，保证机械作业过程的正常工作状态，从而保证施工总进度计划的顺利实施。

4)优化可供利用的设备资源，合理进行机械的组织和调配，提高机械的利用率，保证施工机械能够连续均衡地进行生产作业，避免机械损失和浪费，提高经济效益。

显然，机械化施工组织仅仅是针对施工机械资源的合理配置和利用而进行的组织活动，且这些资源的配置及需求量是由施工总进度计划所决定的，而施工过程组织的目的是全过程、全方位地合理安排各项施工生产活动，两者的组织目的截然不同。

(2)组织对象不同。施工过程组织的对象是建设项目或合同段的基本生产过程，如分部分项工程施工的时间进程安排和施工方案的制订，而机械化施工组织的对象是完成这些分部分项工程所需配置的机械资源，即考虑机械资源配置的合理性、实效性和利用率。

(3)组织内容不同。施工过程组织的主要内容包括时间组织和空间组织两个方面。施工过程组织的成果是施工进度计划，它是遵循施工生产的客观规律，按照时间和工艺顺序，对施工全过程的各项生产活动及其施工资源作出的科学合理的计划安排；而机械化施工组织只是施工过程组织的一个组成部分，仅仅针对机械设备资源的利用和优化而言。

(4)侧重点不同。施工过程组织强调生产活动计划的合理性，而机械化施工组织强调机械资源利用的实效性。

二、机械化施工组织的内容

对于一个工程项目来讲，为了保证工程质量和进度，有时业主会在招标文件中，针对施工过程中某些关键环节的主要机械设备配置提出一些具体的要求，如机械或设备的规格、型号及生产率等。通常，承包人在进行机械化施工组织时，首先应满足招标文件或设计文件提出的要求，其次才能根据施工方案及施工总进度计划合理地进行机械化施工组织。机械化施工组织的具体内容如下：

(1)确定重点工程的机械化施工方案,合理选择机械设备。
(2)组建机械设备资源管理机构,确定机械作业流程、方法及操作规程。
(3)合理进行机械化施工场地布设。
(4)确定各季度计划台班数量,制订分部分项工程主要机械的作业计划。
(5)制订机械设备供应计划。

三、主要机械需要量计划的编制

主要机具、设备的供应计划反映了完成合同段的全部施工任务所需要的机种以及各机种的需要量、规格型号、作业开始与结束时间和各机种作业的延续时间。它是机械化施工组织的基础,也是优化设备资源,协调、调度和安排机械作业的依据。主要设备机具的供应计划根据施工总进度计划制订。本项目中,按如下步骤进行确定。

机械设备需要量计划

1. 确定施工任务

根据施工进度图中的时间坐标进程,逐月统计每月已(或应)开工的施工任务的个数,并确定和记录各施工任务的开工和结束时间。

在本项目中,施工进度计划如图2.5所示。

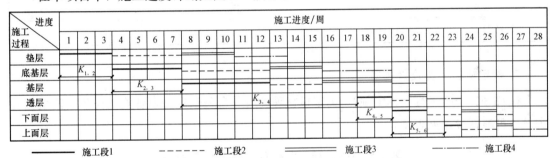

图 2.5 施工进度横道图

统计每个阶段施工任务的开工时间,见表2.4。

表 2.4 各阶段施工任务开工时间

作业时间		施工项目	备注
4月1日	4月21日	垫层	
4月22日	5月19日	垫层	
		底基层	
5月20日	6月30日	垫层	
		底基层	
		基层	

续表

作业时间		施工项目	备注
7月1日	7月28日	底基层	
		基层	
7月29日	8月11日	底基层	
		基层	
		透层	
8月12日	8月25日	基层	
		透层	
		下面层	
8月26日	9月1日	透层	
		下面层	
9月2日	9月8日	透层	
		下面层	
		上面层	
9月9日	9月29日	下面层	
		上面层	
9月30日	10月6日	上面层	

2. 确定机械种类及需要量

(1)根据《公路工程预算定额》，确定机械种类及其台班消耗量，各施工任务所需机械种类及台班消耗量，见表2.5。

表2.5 各施工任务所需机械种类及台班消耗量

施工任务	机械种类	单位	定额/台班
垫层	120 kW 以内自行式平地机	1 000 m²	0.27
	6～8 t 光轮压路机		0.25
	12～15 t 光轮压路机		0.50
	6 000 L 以内洒水汽车		0.42
底基层	10 t 以内自卸汽车	1 000 m²	17.56
	12.5 m 以内稳定土摊铺机		0.18
	6 000 L 以内洒水汽车		0.31
	6～8 t 光轮压路机		0.14
	12～15 t 光轮压路机		1.09

续表

施工任务	机械种类	单位	定额/台班
基层	12.5 m 以内稳定土摊铺机	1 000 m²	0.18
	6 000 L 以内洒水汽车		0.31
	6～8 t 光轮压路机		0.14
	12～15 t 光轮压路机		1.27
透层	6～8 t 光轮压路机	1 000 m²	0.12
	4 000 L 以内沥青洒布车		0.07
下面层	10 t 以内自卸汽车	1 000 m³	18.89
	6～8 t 光轮压路机		3.78
	12～15 t 光轮压路机		3.78
	12.5 m 以内沥青混合料摊铺机		1.92
	16～20 t 轮胎压路机		0.55
	20～25 t 轮胎压路机		1.29
上面层	10 t 以内自卸汽车	1 000 m³	18.89
	6～8 t 光轮压路机		4.38
	12～15 t 光轮压路机		4.38
	12.5 m 以内沥青混合料摊铺机		2.23
	15 t 以内振动压路机		4.34

(2)计算机械作业量。按各施工任务的实际工程量和相应机械台班消耗定额列出完成该任务需要的机种,并分别计算各种机械的作业量。

根据定额,可知完成该项施工任务所需主要机种及其作业量计算。本工程全长为 28 km,一级公路,路基宽度为 26 m。路面工程的工程数量如下:

20 cm 砂砾垫层:人工砂砾垫层数量为 146 524 m²;

底基层:厚 25 cm 石灰粉煤灰稳定土数量为 185 856 m²;

基层:石灰粉煤灰稳定碎石,厚度为 30 cm 的基层数量为 286 277 m²;

透层:透层数量为乳化沥青,数量为 299 046 m²;

下面层:厚度为 6 cm 中粒式沥青混凝土,数量为 42 375 m³;

上面层:厚度为 4 cm 沥青玛蹄脂碎石混合料,数量为 27 823 m³。

主要机种及其作业量见表 2.6。

表2.6 主要机种及其作业量

施工任务	工程量/m²	机械种类	单位	定额	机械作业量/台班
垫层	146 524	120 kW 以内自行式平地机	1 000 m²	0.27	40
		6~8 t 光轮压路机		0.25	37
		12~15 t 光轮压路机		0.50	73
		6 000 L 以内洒水汽车		0.42	62
底基层	185 856	10 t 以内自卸汽车	1 000 m²	17.56	3 264
		12.5 m 以内稳定土摊铺机		0.18	33
		6 000 L 以内洒水汽车		0.31	58
		6~8 t 光轮压路机		0.14	26
		12~15 t 光轮压路机		1.09	203
基层	286 277	12.5 m 以内稳定土摊铺机	1 000 m²	0.18	52
		6 000 L 以内洒水汽车		0.31	89
		6~8 t 光轮压路机		0.14	40
		12~15 t 光轮压路机		1.27	364
透层	299 046	6~8 t 光轮压路机	1 000 m²	0.12	36
		4 000 L 以内沥青洒布车		0.07	21
下面层	42 375	10 t 以内自卸汽车	1 000 m³	18.89	800
		6~8 t 光轮压路机		3.78	160
		12~15 t 光轮压路机		3.78	160
		12.5 m 以内沥青混合料摊铺机		1.92	81
		16~20 t 轮胎压路机		0.55	23
		20~25 t 轮胎压路机		1.29	55
上面层	27 823	10 t 以内自卸汽车	1 000 m³	18.89	526
		6~8 t 光轮压路机		4.38	122
		12~15 t 光轮压路机		4.38	122
		12.5 m 以内沥青混合料摊铺机		2.23	62
		15 t 以内振动压路机		4.34	121

(3)确定机械需要量。根据各种机械的作业量、作业周期并考虑作业班制及工作面等条件,确定完成每项施工任务时各种机械的需要量。每日机械需要量见表2.7。

表2.7 每日机械需要量

施工任务	机械种类	机械作业量/台班	施工时间/d	每日需要量/台
垫层	120 kW 以内自行式平地机	39	91	1

续表

施工任务	机械种类	机械作业量/台班	施工时间/d	每日需要量/台
垫层	6～8 t 光轮压路机	37	91	1
	12～15 t 光轮压路机	73	91	1
	6 000 L 以内洒水汽车	62	91	1
底基层	10 t 以内自卸汽车	3 258	112	29
	12.5 m 以内稳定土摊铺机	33	112	1
	6 000 L 以内洒水汽车	58	112	1
	6～8 t 光轮压路机	26	112	1
	12～15 t 光轮压路机	202	112	2
基层	12.5 m 以内稳定土摊铺机	52	98	1
	6 000 L 以内洒水汽车	89	98	1
	6～8 t 光轮压路机	40	98	1
	12～15 t 光轮压路机	363	98	4
透层	6～8 t 光轮压路机	36	42	1
	4 000 L 以内沥青洒布车	21	42	1
下面层	10 t 以内自卸汽车	800	49	16
	6～8 t 光轮压路机	160	49	3
	12～15 t 光轮压路机	160	49	3
	12.5 m 以内沥青混合料摊铺机	81	49	2
	16～20 t 轮胎压路机	23	49	1
	20～25 t 轮胎压路机	54	49	2
上面层	10 t 以内自卸汽车	525	42	13
	6～8 t 光轮压路机	122	42	3
	12～15 t 光轮压路机	122	42	3
	12.5 m 以内沥青混合料摊铺机	62	42	2
	15 t 以内振动压路机	121	42	3

3. 编制主要机械需要量计划表

按以上方法确定每一项施工任务的机种及各机种的作业量和每日需要台数,再逐月汇总各施工任务需要的相同机种及其每日需要台数,即可制订出整个合同段的主要机具、设备计划,见表 2.8。

表 2.8 机械作业计划表

机种	施工任务	所需机械台数 时间/周																										
		1	2	3	4	5	6	7	8	9	10	11	12	13	14	15	16	17	18	19	20	21	22	23	24	25	26	27	28
平地机	垫层	1	1	1	1	1	1	1	1	1	1	1	1	1															
6~8 t 光轮压路机	垫层	1	1	1	1	1	1	1	1	1	1	1	1	1															
	底基层			1	1	1	1	1	1	1	1	1	1	1															
	基层								1	1	1	1	1	1	1	1	1	1	1	1	1	1							
	透层																		1	1	1	1	1	1					
	下面层																				3	3	3	3	3	3	3		
	上面层																						3	3	3	3	3	3	3
12~15 t 光轮压路机	垫层		1	1			1	1	1	1	1	1	1	1															
	底基层				2	2	2	2	2	2	2	2	2	2	2	2	2	2	2	2									
	基层								4	4	4	4	4	4	4	4	4	4	4	4	4	4							
	下面层																				3	3	3	3	3	3	3		
	上面层																						3	3	3	3	3	3	3
16~20 t 轮胎压路机	下面层																				1	1	1	1	1	1	1	3	
20~25 t 压路机	下面层																				2	2	2	2	2	2	2		

续表

所需机械台数

机种	施工任务	时间/周																											
		1	2	3	4	5	6	7	8	9	10	11	12	13	14	15	16	17	18	19	20	21	22	23	24	25	26	27	28
15 t 以内振动压路机	下面层																				3	3	3	3	3	3	3		
6 000 L 以内洒水车	垫层	1	1	1	1	1	1	1	1	1	1	1	1	1															
	底基层				1	1	1	1	1	1	1	1	1	1	1	1	1	1	1	1									
	基层								1	1	1	1	1	1	1	1	1	1	1	1	1	1							
10 t 以内自卸汽车	底基层				29	29	29	29	29	29	29	29	29	29	29	29	29	29	29	29									
	下面层																				16	16	16	16	16	16	16		
	上面层																							13	13	13	13	13	
稳定土摊铺机	底基层				1	1	1	1	1	1	1	1	1	1															
	基层								1	1	1	1	1	1	1	1	1	1	1	1									
沥青洒布车	透层																		1	1	1	1	1	1					
沥青混合料摊铺机	下面层																				2	2	2	2	2	2	2	2	
	上面层																							2	2	2	2	2	2

学生工作页

学习目标

1. 学会查询定额,确定各施工过程的机械消耗量;
2. 能根据施工进度图,计算机械需要量;
3. 能编制主要机具设备需要量计划表。

学习过程

一、确定施工任务

根据施工进度图中的时间坐标进程,逐月统计每月已(或应)开工的施工任务的个数,并确定和记录各施工任务的开工和结束时间。

作业时间		施工项目	备注
起	止		

二、确定机械种类及需要量

根据《公路工程预算定额》,确定机械种类及其台班消耗量。

施工任务	机械种类	单位	定额/台班

三、计算机械作业量

施工任务	工程量	机械种类	单位	定额	机械作业量

四、确定机械需要量

根据各种机械的作业量、作业周期并考虑作业班制及工作面等条件，确定完成每项施工任务时各种机械的需要量。

施工任务	工程量	机械种类	单位	机械作业量	机械需要量

五、编制主要机械需要量计划表

子任务三　材料需要量计划

工程项目施工采用的材料名目繁多，数不胜数。无论一个建设项目使用了多少材料，一般都根据使用量大小和价值高低分为主要材料和辅助材料，简称主材和辅材。主材是指用量大、价格高的工业原料，如钢材、木材、水泥和沥青等；辅材是指制作半成品、成品所必须使用的零星的、低值易耗的辅助材料，如薄钢板、钢丝、焊条和草袋等，用量较小。在施工过程中，人们通常编制的材料需要量计划，主要是针对主材需要量进行的统筹规划，旨在节约材料，降低成本，既能盘活流动资金，又能保障供给，满足施工需要。

材料需要量计划一般在已拟订了施工方案的基础上，并在制订了施工进度计划后进行编制，其编制依据主要有以下几项：

(1)施工图设计文件。
(2)招标文件及其工程量清单。
(3)施工方案和施工进度计划。
(4)公路工程概算或预算定额。
(5)施工承包合同。

材料需要量计划

一、材料需要量的计算方法

施工方案确定后，施工进度的编制也就结束，此时，可以着手编制材料需要量计划。

计算材料需要量主要是根据完成的工程量和所选用的材料消耗定额进行的。在编制竞标性施工组织设计时，要根据标书上指定材料消耗标准进行材料需要量计算。实施性施工组织设计采用企业的或行业的材料消耗定额，在计算主要材料的需要量计划时是比较粗略的，而单位工程或分部分项工程的实施性施工组织设计计算所需要的材料种类一般都比较详细，几乎除低值易耗品外都要进行需要量计算，给出材料需要量计划。

计算分部分项工程的材料需要量，首先应明确分部分项工程的施工方案及施工方法，然后根据工程施工内容套用定额，按下面两计算式计算分部分项工程的材料消耗量：

施工项目材料消耗量(供应量)＝施工项目工程数量×材料消耗定额

施工项目每日消耗量＝施工项目材料消耗量(供应量)/作业工期

其中，施工项目工程数量＝施工项目实际(设计)工程量/定额单位。

编制竞标性施工组织设计时，材料用量计划一般要给出主要材料的用量，并列出主要材料需要量计划表。

编制指导性施工和施工准备的施工组织设计时，施工组织总设计只给出主要材料及地方材料的需要量计划，并列出其需要量计划表。而实施性施工组织设计中的单位工程施工组织设计材料计划项目比较强，除低值易耗品及材料费中按比例列出材料费的项目不做计划外,其余所有材料项目都要给出详细的材料计划,并列出需要量计划表,作为领发料和材料核算的依据。

本项目的材料消耗种类及定额见表 2.9。

表 2.9 材料消耗种类及定额

施工任务	工程量	单位	材料种类	定额
垫层	146 524 m²	1 000 m²	砂	255 m³
底基层	185 856 m²	1 000 m²	生石灰	20.619 t
			砂砾	198 m³
			水	43 m³
			粉煤灰	309.3 m³
基层	286 277 m²	1 000 m²	32.5 级水泥	21.907 t
			水	25 m³
			砂砾	265.57 m³
透层	299 046 m²	1 000 m²	乳化沥青	0.927 t
			石屑	2.55 m³
下面层	42 375 m³	1 000 m³	石油沥青	113.465 t
			砂	389.79 m³
			矿粉	117.72 t
			石屑	226.75 m³
			路面用碎石 1.5	334.74 m³
			路面用碎石 2.5	520.05 m³
上面层	27 823 m³	1 000 m³	改性沥青	144.320 t
			砂	119.38 m³
			矿粉	246.741 t
			石屑	126.56 m³
			路面用碎石	1 111.35 m³

二、主要材料需要量的计算步骤

(1)根据施工进度图中的时间坐标进程,逐月统计每月已(或应)开工的施工任务(平行作业)的个数,并确定和记录各施工任务的开工和结束时间。

(2)确定材料种类,计算各种材料需要量,见表 2.10。

表 2.10 材料需要量

施工任务	工程量	单位	材料种类	定额	材料需要量
垫层	146 524 m²	1 000 m²	砂	255 m³	37 363 m³
底基层	185 856 m²	1 000 m²	生石灰	20.619 t	3 832 t
			砂砾	198 m³	36 799 m³
			水	43 m³	7 991 m³
			粉煤灰	309.3 m³	57 485 m³
基层	286 277 m²	1 000 m²	32.5 级水泥	21.907 t	6 271 t
			水	25 m³	7 157 m³
			砂砾	265.57 m³	76 026 m³
透层	299 046 m²	1 000 m²	乳化沥青	0.927 t	277 t
			石屑	2.55 m³	763 m³
下面层	42 375 m³	1 000 m³	石油沥青	113.465 t	4 808 t
			砂	389.79 m³	16 517 m³
			矿粉	117.72 t	4 988 t
			石屑	226.75 m³	9 608 m³
			路面用碎石 1.5	334.74 m³	14 185 m³
			路面用碎石 2.5	520.05 m³	22 037 m³
上面层	27 823 m³	1 000 m³	改性沥青	144.320 t	4 015 t
			砂	119.38 m³	3 321 m³
			矿粉	246.741 t	6 865 t
			石屑	126.56 m³	3 521 m³
			路面用碎石	1 111.35 m³	30 921 m³

三、主要材料需要量计划的编制

主要材料包括施工需要的钢材、水泥、木材、沥青、石灰、砂、石料、爆破器材等，以及有关临时设施和拟采取的各种施工技术措施用料，预制构件及其他半成品也列入主要材料计划中。

主要材料需要量计划是备料、供料和确定仓库、堆场面积及组织运输的依据。其编制方法是将施工进度计划表中各施工过程的工程量，按材料品种、规格、数量、使用时间、材料的来源及运输方式计算汇总。

任务五　绘制施工平面图

知识目标

1. 熟悉施工平面布置的基本含义；
2. 了解施工平面布置的分类及作用；
3. 掌握施工总平面布置的方法和步骤；
4. 熟悉施工总平面布置的基本内容；
5. 依据施工总平面图布置的原则，完成总平面图绘制。

能力目标

1. 能绘制施工总平面布置图；
2. 能绘制单位工程施工平面布置图。

施工平面图设计是施工过程中空间组织的具体表现，即对施工过程所需的工艺路线、施工设备、原材料堆放、动力供应、场内运输、半成品生产、仓库、料场、临时生活设施等进行空间和平面的科学规划与设计，最后以平面图的形式加以表达。科学合理的施工平面布置可以使施工现场秩序井然，从而保证工程施工顺利进行，提高施工生产效率，降低施工成本，同时，对工程质量和施工安全等方面的管理起着十分关键的作用。因此，在施工项目管理规划编制时，应对施工平面布置给予极大重视。

一、施工平面布置的意义与作用

施工场地平面布置是施工组织设计的重要组成部分，它对指导现场安全施工、文明施工、控制施工成本、保证工程质量和安全有着重要的意义。在进行施工平面的规划和设计时，施工场地布置的不合理会造成施工秩序的混乱。如施工场地布置粗糙将直接影响施工安全，并容易发生触电、失火、水淹等危害，造成经济损失和人身安全事故的发生。因此，必须在施工平面图设计前进行调查研究，详细分析资料，充分估计到施工过程的发展和变化，遵循方便、经济、高效、安全的原则，认真进行施工平面布置。

施工平面布置具体的作用可以概括如下：

(1)确定生产要素的空间位置及为施工服务的各种设施的位置。
(2)确保在施工过程中，各施工队伍之间互不干扰，有秩序地进行施工作业。
(3)确保在施工过程中，有效地组合利用各种资源和服务设施并使其安全运行。
(4)减少施工场地内物、料的二次转运费，降低施工成本。

(5)施工平面布置图是施工单位进行统筹组织与施工的主要依据。

(6)施工平面布置图是现场平面管理的依据、现场调度指挥的标准。

二、施工平面布置的原则

施工平面布置是一项综合性规划课题,其很大程度上取决于施工现场的具体条件。施工平面布置涉及的因素很广,不可能轻易地获得令人满意的结果,必须通过方案的比较及必要的计算和分析才能确定。一般情况下,施工平面布置应该遵循以下原则:

(1)在保证施工进程顺利的前提下,少占农田并考虑地表水、风向等自然因素的影响,施工平面布置紧凑合理,尽量减少施工用地,所有临时性建筑和运输线路的布置必须为基本工作服务,并不得妨碍地面和地下建筑物的施工。

(2)合理组织运输,保证运输方便通畅,力求材料直达工地,减少二次搬运和场内的搬运距离,并将笨重及大型的预制构件或材料放置在使用地点附近,所有货物的运输量和起重量必须减至最小。即使需要场地内搬动也要确保距离最短,不要出现反向运输。

(3)尽量采用装配式施工设施,减少搬迁损失,提高施工设施安装速度。

(4)制作、加工等附属企业基地尽可能设置在原料产地或运输集汇点(如车站、码头等),附属企业内部的布置要以生产工艺流程为依据,有利于连续生产。

(5)施工管理机构位置布置必须有利于全面指挥,临时房屋及设施的布置可以充分利用各种原有建筑物、构筑物,以降低施工设施建造费用,但要便于工人的休息和文化生活。

(6)场地布置要与施工进度、施工方法、工艺流程和机械设备等相适应。

(7)如果工程需要分期施工,施工平面布置要符合施工方案中安排的施工顺序。

(8)施工区域的划分和场地的确定应符合施工流程要求,尽量减少专业工种和其他各工种之间的干扰。

(9)慎重考虑避免自然灾害(如洪水、泥石流、山崩)的措施,各项设施布置除要满足方便生产、有利于生活的要求外,还要兼顾安全防火、环境保护、劳动保护、市容卫生等有关规定和法规。

(10)进行合理、科学的规划,使平面布置准备工作的投资最经济。

在施工平面布置中,依据施工方案、施工进度要求及资源进场存放量等,施工平面布置一般包括施工总平面布置、单位工程施工平面布置及年度或施工阶段施工平面布置等。施工总平面布置是以整个工程为对象来进行的,单位工程平面布置是以一个单位工程为对象的,对于较大的建设项目,由于其在各个不同施工阶段的施工内容不同,因而机械、临时设施位置和材料堆放布置等都将随之变化。因此,对于大型建设项目和工期较长的一般工程,还需要按年度或施工阶段分别进行布置。

三、施工总平面布置的依据

施工总平面布置是施工组织设计的重点之一,自始至终起着牵头和归总作用。施工组织设计的一些重要成果也反映在施工总平面布置上。施工总平面布置直接影响到工程施工、工程进度、工程造价、工程质量、环境保护和安全卫生。施工总平面布置既要考虑服务生产、方便施工，又要考虑满足安全文明施工的要求。施工总平面布置要依据以下几项：

(1)建设地区的自然条件和技术经济条件。

(2)一切原有和拟建工程位置及尺寸、建设单位可提供的房屋和其他生活设施。

(3)建设项目建筑总平面图、竖向布置图和地下设施布置图。

(4)建设项目的概况、施工总进度计划、施工总质量计划和施工总成本计划。

(5)建设项目施工部署和全部施工设施施工方案。

(6)建设项目施工总资源需要量计划和施工设施计划。

(7)建设项目施工用地范围、水电源位置、建筑区域的竖向布置、临时水电供应有关设计资源以及项目安全施工和防火标准。

四、施工总平面布置的内容

施工总平面布置的内容，涉及面广，影响因素多，是确定施工场地、交通运输方案及各项施工设施的规模、位置、相互关系等的综合性很强的设计工作。它是施工组织设计的组成部分，也称施工总体布置。总平面布置的内容，因行业的性质、规模等不同而略有不同。公路工程施工的总平面布置应包括下列内容：

(1)公路建设项目施工用地范围内地形和等高线，全部地上、地下已有和拟建的建筑物、构筑物及其他设施的位置和尺寸。

(2)全部拟建的建筑物、构筑物和其他基础设施的坐标网。

(3)对外交通运输方案和场内运输方式。

(4)施工场地和施工指挥系统的分区规划，各种施工辅助设施、仓库堆场、办公及生活福利设施布置。

(5)施工供水、供电、供风、通信系统的规模及站网位置，干管、干线布置。

(6)弃渣线路、弃渣场地、堆料场地等的规划以及开挖土石方的调配方案。

(7)建设项目施工必备的安全、防火和环境保护设施布置。

五、施工总平面布置的步骤

(1)收集和分析基础资料。所需的基础资料包括以下几项：

1)施工场区地形图。

2)拟建道路枢纽的布置图。

3)可为工程施工服务的建筑、加工制造、修配、运输等企业的规模、生产能力及其发展规划。

4)现有水陆交通运输条件和通行能力。

5)水电以及其他动力供应条件。

6)当地建筑材料及生活物资供应情况。

7)施工现场范围内的工程地质与水文土质资料。

8)施工场区土地状况和征地有关问题。

9)河流水文资料、当地气象资料。

10)施工场地范围内及施工区的卫生、环境保护要求。

(2)确定临建项目。在掌握基本资料的基础上,根据工程的施工条件,结合类似工程的施工经验,编制拟临建工程项目清单。

(3)选择施工场地。当有多处可供选择作为施工场地的地段时,应进行技术经济比较,选择最为有利的地段作为施工场地。

(4)选择场地内外运输方案。在深入调查工程所在地区现有交通运输状况的基础上,根据工程施工特性分析、计算货运量及运输强度,结合具体的枢纽布置、地形条件、施工条件,通盘考虑,综合研究,经过技术经济比较后选定。

(5)进行施工场地区域规划。施工场地区域规划是解决施工总体布置的关键,要着重研究解决一些重大原则问题。在工程施工实行分项承包的情况下,尤其要做好区域规划,明确划分承包单位的施工场地范围,并按规划要求进行布置,使得既有各自的活动区域,又能避免互相干扰。

(6)分区布置。分区布置即在施工场地区域规划后,进行各项临时设施的具体布置。

(7)比较和选定合理方案。比较和选定合理方案即根据布置内容,通常提出若干个布置方案进行比较,确定重点项目和一般项目,通过定量和定性比较对提出的布置方案进行综合评价,并结合选定方案,绘制施工总平面布置图。

从上面的阐述可以看出,施工总平面布置是对施工过程所需的工艺路线、施工设备、原材料堆放、动力供应、场内运输、半成品生产、仓库、料场、临时生活设施等进行空间的科学规划与设计,要想用简洁、直观、易懂的方式来指导工程施工,则需要把各施工总平面布置以平面图的形式绘制出来。

六、施工总平面布置图的绘制方法和内容

一般在 1∶500～1∶2 000 的线路平面图(即地形图)上布置各种临时设施的位置(图 2.6)。临时设施及新建工程、已有工程所使用的符号,一般采用各行业的通用符号、图标及文字叙述进行标注。对图上采用的标注符号、图示和对施工场地平面布置的重点要加以说明。施工总平面图应包括以下内容:

(1)原有河流、居民点、交通路线(公路、铁路、大车道等)、车站、码头、通信、运输点等位置和主要尺寸,工地附近已有的和拟建的地上、地下建筑物,以及其他地面附着物、农田、果园、树林、洞穴、坟墓等位置和主要尺寸。

(2)施工用地范围和主要工程项目位置及里程,沿线的交通工程与设施(如大中桥梁、隧道、渡口、交叉口等结构物)位置及里程,加油站等运输管理服务建筑物位置。

(3)需要拆迁的建筑物,永久或临时占用的农田、果园、树林。

(4)取土场和弃土场的位置。当取土场和弃土场距离施工现场很远,平面布置无法标注的,可用箭头指向取土场和弃土场方向并加以说明。

(5)施工组织成果。各种临时设施的位置,包括临时生活房屋、采料场、各类加工车间、仓库、临时动力站(如抽水站、发电所、供热站等)、临时便道、临时便桥、施工场地排水系统、水源位置、河流位置、河道改易位置、电源线路(尤其是高压线)、变压器位置等;大型机械设备的停放及维修场位置。

(6)施工管理机构,如工程局、工程处、施工队及工程指挥系统的驻地等。

(7)标出划分的施工区段。当一个施工区段有两个以上施工单位时,标出各自的施工范围。

(8)其他与施工有关的内容,如不良地质地段、国家测量标志、气象台、水文站以及防洪、防风、防火的安全设施等。

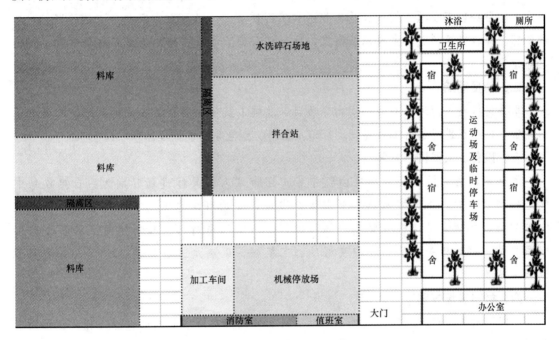

图2.6 地形图

施工平面图设计

案例 某路面工程施工组织设计

第一章 总体施工组织布置及规划

一、施工组织

针对本项目特点，我公司本着"保质、精干、高效、创优"的原则，投入一流的机械设备，实行一流的管理模式，推行高效严格的质量管理方法，全面确保工程质量及工期。我单位将按照职能明确、精干实效、运转灵活、指挥有力的原则组建项目经理部。配备业务能力强、经验丰富的管理人员和技术人员。本工程采取设立项目经理部、施工队两级管理模式。项目经理部设项目经理、总工程师和工程质量部、计划财务部、中心试验室、物质设备部、综合管理部五个主要职能科室，项目经理部下属设立若干个施工队负责本工程的具体操作。

二、动员周期

本公司接到中标通知书后一周内，项目部及施工队伍主要负责人到达现场，准备开工前期工作，组织进行临时工程建设，征地及备料、办电等手续办理。

三、设备、人员进场方案

本合同段所需机械设备主要由辽宁省沈阳市调入。具体进场日期为：自接收到中标通知书之日起，立即按照业主要求组织进场，开始组织施工。全部管理人员开工前全部到位，其他人员随机械同期进场，保证工程顺利进行。工程所用施工设备全部由我方自备，拟配备先进的、性能良好的施工机械，以满足工程需要。全部设备由公司调至现场。

四、材料进场方案

我们已对沿线材料进行了调查，中标后将继续做好对沿线材料的调查工作，保证所有材料均经试验合格后再使用，并定期进行复检，杜绝不合格材料进场。工程所需的工程材料均由项目部统一采购，主要工程物资除按业主推荐厂商采购外，尽可能就近采用，并根据招标文件要求，经采样检验合格后确定最终的合格供应商，严把原材料关。各种材料均以汽车运输方式运至施工现场。

五、驻地建设及施工场地建设

(1)保证便道打通，便桥、便道宽度满足两辆大车通过。

(2)运输用地方道路施工期间的维护、养护由我方承担，并且满足地方交通部门和百姓出行要求。

(3)拌合场的场地按照要求进行硬化，并按照平面布置规划图布置。

(4)材料采用分类堆放的储存方式，水泥、SBS改性剂、SMA用添加剂等在库房储存，并采取防火、防潮和防水措施。为了保证各种原材料的整洁，我方将对料场及场内运输便道进行基础处理，即铺一层20 cm水稳定砂砾加15 cm厚C30水泥混凝土路面进行硬化。对进出场区，上、下主线的施工便道加铺沥青混合料；便道两侧设置临时排水沟。

(5)不同规格的碎石分开堆放在规划好的料池中，同时，在每种料之间砌一道不小于4 m高的隔离墙，墙体厚度不小于40 cm。防止材料混杂在一起，保证集料的级配。水泥稳定碎石设置6个以上料池，其中1个料池作为填料使用；沥青混合料碎石设置9种规格料池。砂石材料分层堆放成梯形，做到"条直层平"。

(6)机制砂设足够料池，且每个料池三面封闭，整个机制砂储料区搭设遮雨棚覆盖。遮雨棚采用钢结构，净高不低于6 m。棚顶设有防风、防雨、防老化功能。

(7)在排水方面，采用在低洼处挖明沟的方法使场内的积水流淌畅通，并与永久排水设施结合起来。分隔仓内纵向每隔5~10 m，横向每隔15~20 m设盲沟，坡度不小于0.5%，盲沟与场地排水明沟相连接，在堆料仓后面设置排水明沟，保持排水畅通。

(8)在材料堆放处设立原材料品牌及报验牌，在拌合设备前设混合料配合比标牌，并严格按照标准配合比施工。

(9)开工时要对所用的材料进行严格的抽检，合格后方可使用。

六、进度照片与录像

(1)我方(间隔不多于1个月)向监理工程师提供标明时间和工程进度记录的彩色照片和数码图片文件，并附有详细的文字说明和足够的数据记录，以标明工程的确切位置和进度。

(2)我方提供经监理工程师确认的相册，并将要求上报的资料提供给业主。

七、工程附近建筑物和财产的保护

(1)工程施工期间，我方采取有效措施保护施工现场附近不需拆迁的建筑物、地上或地下的管线设施、水力设施、道路、铁路、河道、树木、光缆及通信设施等及其他财产。

(2)若在施工期间新发现需拆迁的结构物或地下管线，及时探明具体位置和现状并查明该设施的所有者或产权管理部门，同时书面报告监理人并按监理人的指示办理。

(3)我方在靠近上述某个公用设施处进行开挖、拆除作业时，事先通知当地有关产权管理部门，并应在产权部门的代表在场时进行作业。

八、交通流计划和控制

(1)我方在收到开工通知之后的30 d内，制订一份详细的交通流计划报监理人审查批准。这个计划说明现有各种等级道路和河流的交通流量和通行能力；临时道路、桥梁和码头的修建计划；对现有道路、河流和临时道路、码头构成的交通网的通行能力和流量分析；施工材料的运输量和运输计划以及防止交通堵塞的措施。交通流计划避免在运输高峰期间进行本项目的高峰运输。

(2)施工期间，我方应按照交通流计划安排本项目运输，并在必要时请求工程监理方召集有当地交通部门参加的协调会议，讨论和修改本计划。

(3)我方强化对已有交通运输设施的保护意识，严禁超限运输。

九、现场文明施工及标准化建设

(1)各结构层施工前铺筑路外试验段。面层用机制砂采用四面封闭的彩钢棚储存，面层碎石采用具有防水、防晒功能的苫布覆盖。

(2)我方充分考虑了面层水洗碎石设备的投入。

(3)木质素添加剂按照业主的要求设库房储存，并做好防雨、防潮和防火工作。

(4)参加施工人员统一着装，特种人员持证上岗；安全、试验人员持证上岗。

第二章　主要工程项目施工方案、方法与技术措施

一、垫层施工

1. 施工准备

(1)接收路基。

1)控制点复测：根据施工图纸及原路基施工单位所提供的特征点(坐标点和水准点)，对这些控制点进行校核，并将复测结果报驻地监理工程师审批。

2)路基处理：根据复测后的控制点的数据进行恢复定线，测定出路线的中线并进行路基处理工作。把横断面的设计标高和实测标高进行对比，用白灰标出处理的高度，再根据这些数据用平地机进行找平，如若路基标高过高，有大量土剩余，则用汽车运出路基堆放至指定位置；如若路基标高与设计标高相比过低则应上报监理工程师，根据指示采取措施。再要对路基进行弯沉测量，达不到相关标准的路段要进行挖除重填，直至合格为止。

3)对于不需要进行标高及弯沉处理的路段要进行碾压处理。路基由于经过冬季的冻融和雨雪侵蚀，其表面会出现松散现象，为了保证路基稳定及路面的施工质量，须对其进行碾压处理。碾压的程序为：表面洒水→平地机整平→振动压路机碾压1遍→平地机找平→振动压路机碾压—检测合格。

4)做好边坡的整修和路基的临时排水工作，在路基的左右两侧选择好位置，每隔20 m用混凝土结构或用编织袋装土做半米宽的临时流水槽，及时排除雨后的积水。

(2)材料的要求。垫层材料应满足图纸及规范要求。

2. 试验段的施工

内容包括在监理工程师检验合格的路基上进行垫层试验段的施工，施工工艺顺序的安排及机械人员组合；压实方法、碾压遍数、松铺系数、最佳含水量、施工现场的控制。

3. 垫层拟定施工程序

测量放样→准备下承层→拌和→运输→摊铺→碾压→封闭交通。

(1)测量放样。测量挂线：利用控制点放出中桩和边桩的位置，直线段每10 m设一桩，确保平面位置及高程的准确无误。挂线时基准线要拉到规定拉力，基准线立柱与基准线之间连接牢固，以免发生上下或左右松动现象。

(2)清扫、洒水、准备下承层：将下承层清扫干净，表面无浮土杂物，上水使之湿润，

便于层与层之间的粘结。

(3)拌和。在正式拌制混合料之前,必须先调试所用的厂拌设备,使其达到规定的要求。采用装有电子秤和粒料超大粒径过滤筛子的拌合站。可以对各种材料进行计量控制,以保证混合料中各集料的比例和含水量,保证拌合质量。每天开始搅拌前,应检查场内各处集料的含水量,计算当天的配合比,外加水与天然含水量的总和要比最佳含水量略低。高温作业时,早晚与中午的含水量要有区别,要按温度变化及时调整。拌合设备配备带活门漏斗的料仓,由漏斗出料直接装车运输。

(4)运输。采用自卸汽车进行混合料的运输,每天开工前要检查车辆的完好性,并对车厢进行清洁。运输车辆的数量要保证摊铺需要,有充足的补充。

(5)摊铺。将采用两台摊铺机为一组进行多个作业面的摊铺作业,摊铺机的行走速度应均匀一致,前后相隔5~10 m并与拌合站的产量相当,尽量减少停机的次数。

(6)碾压。整型后当混合料的含水量等于或略大于最佳含水量时,使用振动压路机由横坡低处向高处进行碾压,要求1/2错轮碾压,碾压遍数应是试验段的碾压遍数,直至表面平整密实,边线整齐,无松散现象为止。

(7)封闭交通。封闭交通,禁止车辆在摊铺碾压后的垫层通行。

(8)垫层自检合格后,报监理工程师检验合格,签字后,方可转入下道工序施工。

4. 检查项目及标准

垫层施工的检查项目及标准见图纸及规范要求。

5. 垫层施工的注意事项

(1)在铺筑垫层前,应将路基面上的浮土、杂物全部清除,并洒水湿润。

(2)摊铺后的垫层应无明显离析现象,或采用细集料做嵌缝处理。

(3)两段作业衔接处,第一段留下5~8 m不进行碾压,第二段施工时,将前段留下未压部分与第二段一起碾压。

(4)最好有两天以上的时间封闭交通,保证垫层表面结板。

(5)严禁压路机在已经完成的或正在碾压的路段上调头或急刹车。

(6)铺筑前应将路槽用18 t以上压路机械碾压3~4遍。如发现表层过干、表层松散,应适量洒水;如表层过湿,发生"弹簧现象",应采取翻开晾晒或掺石灰(或水泥)等措施进行处理。并按规定检查路基顶面的标高、宽度、路拱横坡、平整度、压实度以及路基表面回弹模量等各项指标是否符合要求,符合要求后方能铺筑路面垫层。

(7)经过整平和整形,应按试验段所确认的压实工艺,在全宽范围内均匀压实,并保证压实度不小于96%。

二、底基层、基层施工

1. 材料要求

基层所用原材料必须符合设计图纸及规范的要求。

2. 施工工艺

(1)配合比设计。根据图纸及规范要求,取工地实际使用的原材料在试验室进行生产配合比设计。等指标达到要求后,报监理工程师认可,并通过试验段确定材料配合比设计的合理性,报监理工程师批准。

(2)试验路段。在正式开工之前,我们将进行试验段的试铺,试铺段选择在经验收合格的下承层上进行,根据成功的试铺结果确定出用于施工的配合比、标准的施工方法、最佳的机械组合、最佳的碾压遍数、最佳的碾压程序、最佳的人员配备、合理的摊铺速度、材料的松铺系数、每一作业段的合适长度,试验段施工完后编写《试铺总结》,经驻地监理工程师审查、报总监代表确认后,可作为申报正式路面施工开工的依据。

(3)施工程序。基层现场施工程序为:测量放样→清理下承层→混合料拌和→混合料运输→摊铺机摊铺→压路机碾压成型→封闭养生。

对已施工完的基层进行检测并报监理工程师批准后,方可进行下一道工序施工。

1)测量放样。中线测量,根据中线和设计宽度测定出边缘位置,在下承层上每10 m设一桩(平曲线上为5 m),进行水准标高测量放样(误差在允许范围内),在桩上用红漆油划出摊铺设计标高,并据此标高在钢丝支架上挂上钢丝(钢丝要求用3 mm,每根的长度不超过200 m,而且在施工前一定要拉紧,挠度应不大于1.0 mm,拉力应不小于800 N),作为摊铺施工的一条基准线。

2)施工前的准备工作。施工前对下承层顶面进行处理,清除表面的杂物,并洒适量的水,促使摊铺层与下承层更好地结合。

3)混合料拌和。

①水泥稳定混合料的拌和采用集中厂拌法,并采用二次拌和,拌缸长度大于4 m。

②在正式拌制混合料之前,必须先调试所用的厂拌设备,使其达到规定的要求。原集料的颗粒组成发生变化时,应重新调试设备。

③拌和前应根据前一天各种规格集料筛分结果对集料标准配合比在级配允许范围内进行微调,依据当天测定的集料的天然含水量、气温情况和运距远近,综合调整用水量,确保运至现场的混合料含水量为最佳含水量或略大于最佳值0.5%~1.0%。

④实时监测各个料仓(包括水泥和水)的生产计量,严格按照当天的标准配合比进行生产控制,试验人员每2 h对混合料的水泥计量和每1 h对含水量进行检查,每天上、下午对集料级配进行1次检测,在标准条件下养护,进行强度试验,检验混合料的质量。

4)运输混合料。采用自卸汽车进行混合料的运输,每天开工前要检查车辆的完好性,并清洁车厢。运输车辆的数量要保证摊铺需要,有充足的补充。在拌合站料仓接料时车辆应前后移动,分三次装料,避免混合料严重离析。在运输过程中,应根据天气情况和运距等,采取一定的覆盖措施,防止水分蒸发。当车内混合料不能在初凝时间内运到工地,必须予以废除。料车在下承层上应低速、匀速行驶,不可急刹车、急停和冲撞摊铺机。

5)混合料摊铺。采用两台摊铺机为一组进行多个作业面的摊铺作业,摊铺机行走速度应均匀一致,摊铺速度控制在2~3 m/min为宜,前后两台摊铺机应保持5~10 m的距离,且确保两个施工段面纵向有15~30 cm的重叠,尽量减少停机的次数。如因故中断超过规定时限,应设置横向接缝,在横接缝处重新开始摊铺。摊铺时混合料的含水量宜高于最佳含水量0.5%～1.0%,以补偿摊铺及碾压过程中的水分损失。在摊铺作业时,在摊铺机前面随时检查、及时架设双侧基准钢丝和两幅中间架设的平衡导梁,控制好顶面横坡和高程;在摊铺机后面应设专人检查摊铺厚度、混合料质量、粗细集料离析现象,特别是局部粗集料"窝"的铲除,并用新拌混合料填补。

6)压路机碾压成型。采用试验段测定的碾压方式进行碾压,采用20 t以上的重型压路机进行碾压作业。初步拟定采用压路机以1/2错轮方式由横坡低处向高处碾压,首先用压路机紧跟在摊铺机后进行静压混合料,再由弱到强振压,后用胶轮压路机进行碾压,碾压至无轮迹为止。压路机倒车换挡要轻且平顺,防止基层推移,应严禁在已完成或正在碾压的路段上调头或急刹车,以保证层表面不受损坏。压路机停车时要错开,而且应相距3 m左右,停在已压好的路段上,以免破坏结构。碾压过程应在混合料试验确定的延迟时间内完成,在碾压过程中,底基层的表面应始终保持潮湿,如表面水分蒸发得比较快,应及时补洒少量的水。为保证底基层边缘强度,应有一定的超宽。碾压时应注意纵缝和横缝处的碾压,在碾压设备无法触及的部位(如与桥头搭板接合部),采用小型振动夯压实并达到规定的压实度。

7)封闭及养护。摊铺完的路段,应立即开始养护,人工用土工布覆盖在碾压完成的基层顶面,养护7 d以上。养护期间保持表面潮湿,封闭交通。

8)横缝设置。混合料摊铺时必须保持连续作业,如因故中断时间超过2 h,则应设置横缝;每天收工之后,第二天开工的接头断面也要设置横缝;通过桥涵等构造物时同样需要设置横缝,且与构造物的边缘吻合。

9)自检合格后,报监理工程师检验合格,签字后,方可进行下一道工序。

10)检验项目及标准见设计图纸及规范要求。

3. 基层施工注意事项

(1)施工气温应不低于+5 ℃,在第一次重冰冻之前一个半月结束施工,降雨时不应进行施工。

(2)降雨时停止施工,已摊铺的混合料尽快碾压密实,用土工布进行覆盖。

(3)严禁用薄层贴补的办法进行找平。

(4)混合料开拌前,拌合场的备料应能满足3～5 d的摊铺用料。

(5)洒底水,保持摊铺机前路段湿润,以保证上下结构层能充分结合。

(6)应使用20 t以上的重型压路机碾压。碾压完成后,应采用洒水车洒水并用土工布等材料覆盖进行养护,养护时间应在7 d以上,整个养护期间必须始终保持表面潮湿,并应封闭交通。

三、透层、粘层及封层的施工

1. 施工前准备工作

在施工前,将下承层表面的松散材料清理干净,保证结构层表面整洁而无尘土,洒布沥青之前,应用机动路帚或高压风动机械,并辅以人工扫净表面,清除有害物质。工作面必须经过监理工程师检查，合格后方可施工。

2. 透层、粘层沥青洒布

(1)在喷洒工作开始前3 d报经监理人批准。

(2)透层及粘层沥青采用沥青洒布车均匀洒布，并按《公路路基路面现场测试规程》(JTG E60—2008)中有关要求和方法检测洒布用量，每次检测不少于3处。透层及粘层油的洒布方法、洒布要求及质量控制按图纸要求及《公路沥青路面施工技术规范》(JTG F40—2004)的相关要求执行。

(3)沥青洒布设备配备有适用于不同稠度沥青喷洒用的喷嘴，在沥青洒布机喷不到的地方可采用手工洒布机。对喷洒超量或漏洒或少洒的地方应予纠正。

(4)对喷洒区附近的结构物和树木表面加以保护，以免溅上沥青受到污染。

(5)粘层沥青在铺筑覆盖层之前24 h内洒布或涂刷。

(6)透层施工还应注意以下几项：

1)气温低于10 ℃、大风天气或即将降雨时，不得喷洒透层油。

2)水泥稳定基层应在碾压成型后48 h至72 h之间洒布透层油，洒布前应使用高压水枪或压缩空气彻底清扫基层表面，清除松散物质。

3)当基层表面过分干燥时，必须在洒布透层油前5 min，对基层表面洒水预湿。

4)喷洒透层油前应清扫路面，遮挡防护路缘石及人工构造物避免污染，透层油必须撒布均匀，有花白遗漏应人工补撒。透层油喷洒后通过钻孔或挖掘确认透入基层的深度不小于5 mm，并能与基层联结成为一体。

5)洒布透层油后，应严格封闭交通48 h。透层油洒布结束5 d后，方可进行稀浆封层的施工。

(7)粘层施工还应注意以下几项：

1)浇洒粘层油前，路面有脏物尘土时应清除干净，当有沾黏的土块时，用水刷净，待表面干燥后浇洒；路缘石及人工构造物做适当防护，以防污染。

2)粘层沥青应在铺筑覆盖层之前24 h内均匀喷洒或涂刷。浇洒过量处应予刮除。

3)浇洒粘层沥青后，严禁除沥青混合料运输车外的其他车辆、行人通过。

4)粘层油应在当天洒布，待乳化沥青破乳，水分蒸发完成后，紧跟着铺筑沥青层，确保黏层不受污染。

5)气温低于10 ℃时或路面潮湿时，不得浇洒粘层沥青。

(8)养护应注意以下几项：

1)承包人应对喷洒好粘层或下封层沥青的基层和面层保持良好状态。当出现泛油或监理人有指示时，按指定用量补撒吸附沥青材料。应将过多的浮动集料扫出路面外，并不得搓动已经粘着在位的集料，如有其他破坏现象应及时进行补修。

2)除运送沥青外，任何车辆、行人均不得在完成的粘层上通行。

3)透层油养护时应确保液体沥青中的稀释剂全部挥发，然后尽早施工下封层，防止车辆损坏透层。

4)如果透层沥青被尘土或泥土完全吸附,以致覆盖的面层无法与透层粘结,则应在摊铺沥青路面之前在透层上补洒一次粘层沥青。

5)养护期间,已洒好透层沥青的路面上开放交通。如果在沥青材料充分渗入之前需要开放交通,为了防止车轮粘沥青,应按监理人的指示撒铺吸附材料,以覆盖尚未完全吸收的沥青。

3. 稀浆封层施工

封层施工采用稀浆封层机施工,稀浆配合比按设计要求、规范及试验段确定。

(1)稀浆封层采用导向标尺定位,逆行车方向摊铺,采用先边幅、后中幅的顺序,稀浆封层分两次摊铺。

(2)摊铺前设定符合设计的摊铺厚度(稀浆混合料密度、不泛浆也不出现蜂窝,表明摊铺厚度适宜),并在摊铺中适当调整摊铺厚度,即如稀浆混合料表面浮浆表明摊铺厚度过大,减小摊铺厚度;如稀浆混合料表面浮浆表明摊铺厚度过小,增加摊铺厚度。

(3)稀浆封层混合料必须搅拌均匀,在摊铺槽内的混合料达到料仓体积的2/3时,进行摊铺工作。

(4)稀浆封层车的摊铺速度应与供料量相匹配。

(5)在摊铺过程中,及时进行整形,确保稀浆封层的平整度、密度、粗糙度符合要求。

(6)稀浆封层采用轮胎压路机低速碾压,碾压时间根据稀浆封层表观情况及试验段数据。

(7)稀浆封层的碾压在摊铺料初凝后和终凝前完成。

(8)稀浆封层施工时还应注意以下几项:

1)稀浆封层碾压完成后,即可开放交通,但所有的施工机械严禁在新开放的稀浆封层路段进行调头、急刹车。在路面完全成型前应限制行车速度不超过 20 km/h,严禁畜力车及铁轮车行驶。

2)施工和固化成型期间现场温度不得低于 10 ℃。

3)严禁在雨天及特殊气候条件下施工。

四、热拌沥青混凝土路面的施工(含改性沥青)

1. 材料要求

材料应符合设计图纸及规范要求。

2. 沥青混合料的组成设计

沥青混合料的配合比设计一般应分三阶段进行,即目标配合比设计、生产配合比设计、生产配合比验证阶段。应严格遵循《公路沥青路面施工技术规范》(JTG F40—2004)的相关规定要求,并保证混合料的车辙试验动稳定度不小于设计规定值。

(1)目标配合比设计阶段:确定各矿料的组成比例,对实际使用的矿料进行筛分,计算各矿料的使用比例,使合成矿料的级配曲线与要求的级配范围中值相重合;确定沥青的油石比,根据已知的油石比范围,分别根据相关规定进行试验,测定相关的指标值,从中确定最佳的比例用量。

(2)生产配合比设计阶段:在混合料拌和中,选取热料仓的材料进行筛分,从中确定各热料仓的材料比例,使矿料合成级配接近规定级配范围的中值,供拌合机控制室使用,同时反复调整冷料仓进料比例以达到供料均衡。选取目标配合比设计的最佳沥青用量、最佳用量的±0.3%三个沥青用量进行马歇尔试验,确定生产配合比的最佳沥青用量。

(3)生产配合比验证阶段:在拌和施工中,拌合机采用生产配合比进行试拌、铺筑试验段,取芯进行马歇尔试验,确定生产用的标准配合比。标准配合比应作为生产上控制的依据和质量检测标准。标准配合比在生产中不得更改,如果材料发生变化,应重新进行验证。

在面层施工前向监理工程师提交拟用的沥青混合料级配、沥青结合料用量及沥青混合料稳定度、流值、空隙率、动稳定度、残留稳定度等各项技术指标的书面详细说明,未经监理工程师批准前,不得进入生产施工阶段。

3. 试验路段的摊铺

在沥青混凝土路面主体工程开工前至少 14 d,在监理工程师批准的地点进行试验段的摊铺,材料采用主体工程的材料、混合料的配合比以及拌和、摊铺压实设备和施工程序。试验路段应解决以下内容:

(1)根据沥青路面各种施工机械相匹配的原则,确定合理的施工机械、机械数量及组合方式。

(2)通过试拌确定拌合站的上料速度、拌和数量与时间、拌和温度等操作工艺。

(3)通过试铺确定:摊铺机的摊铺温度、摊铺速度、摊铺宽度、自动找平方式等操作工艺,以及确定松铺系数、接缝方法等。

(4)验证沥青混合料配合比设计结果,提出生产用的矿料配合比和沥青用量。

(5)建立用钻孔法及核子密度仪测定密度的对比关系,确定沥青混凝土面层的压实标准密度。

(6)确定施工产量和作业段的长度,制订更加准确的施工进度计划。

(7)全面检查材料和施工质量,认真做好记录分析,总结试验段的成果。

4. 施工工艺

沥青混凝土面层的施工程序为:准备工作→测量放样→沥青混合料的拌和→沥青混合料的运输→沥青混合料的摊铺→沥青混合料的压实及成型。

(1)准备工作。检查下承层、路缘石,使其质量满足要求,对不符合要求之处,应在摊铺前处理,并经监理工程师批准后方可进行施工。

(2)测量放样。面层施工时,将两边的设计标高用红蓝铅笔划到路缘石上,间隔为 5 m,并且每 20 m 应标记出该点的施工桩号。以此设计标高为基准在钢丝架上设好钢丝线(钢丝要求用直径为 6 mm 的,钢丝拉力大于 800 kN,而且每根的长度不超过 200 m,测量挂线的累计误差不超过±5 mm),摊铺机以此为基准进行摊铺作业。以保证摊铺厚度及平整度满足设计要求。当中、上面层摊铺时,则采用平衡梁进行对厚度、平整度的控制。

(3)沥青混合料的拌和。

1)沥青混合料应采用间隙式拌合机进行拌和,拌合机必须配备有材料配合比和施工温度的自动检测和记录设备。

2)拌和时间应以混合料拌和均匀、所有矿料颗粒全部裹覆沥青结合料为度,并根据设备情况经试拌确定。

3)出厂温度应满足设计图纸及规范要求。

4)普通沥青混合料的拌和时间一般不少于45 s(干拌5 s,湿拌40 s),以混合料拌和均匀,所有集料颗粒全部裹覆沥青为度,不应出现花白料、结团成块或严重离析的现象。改性沥青混合料的拌制要求除较普通沥青混合料温度提高10 ℃~20 ℃和拌制时间延长5 s以上外,其余要求同普通沥青混合料的拌和。

5)拌和时,每种规格的集料、矿粉和沥青都必须按批准的生产配合比准确计量,其计量误差应控制在规定的范围内。

6)回收的粉尘不得利用,应全部废弃在指定地点进行处理,防止污染环境。

7)如发现其配合比偏差过大或性能指标不合格时应立即通知停机,查明原因,予以调整。

8)拌合场应逐盘打印各种材料用量及预热温度、拌和温度与时间、沥青混合料质量与出厂时间等数据资料,并及时报告监理人。

9)改性沥青拌和时应严格按照配合比进行配料,并将集料充分烘干。严格控制拌和的温度,当温度超过要求时,必须废弃。混合料储存时间不得超过24 h。

(4)沥青混合料的运输。

1)沥青混合料的运送有关事项符合图纸的要求。

2)混合料运输车的运量应较拌和能力或摊铺速度有所富余。运料车在开始运输前,应在车厢及底板上涂刷一层隔离剂,使沥青混合料不致与车厢粘结。

3)运料应前后移动三次装料,防止混合料离析。

4)混合料运输过程中必须加以覆盖,以防止混合料降温超标和结壳。

5)运料车在运输途中,不得随意停歇。

6)运料车卸料必须倒干净,否则必须及时清除。

7)运料车到达现场后,应检查沥青混合料温度,必须满足摊铺温度要求。

8)已经离析或结成团块或在运料车辆卸料时滞留于车上的混合料,以及低于规定铺筑温度或被雨水淋湿的混合料都应废弃。

9)运至铺筑现场的混合料,应在当天或当班完成摊铺、压实。

10)热拌沥青混合料宜采用较大吨位的运料车运输,但不得超载运输,或紧急制动、急转弯掉头使透层、封层造成损伤。

(5)沥青混合料的摊铺。

1)半刚性基层沥青路面的基层与沥青层宜在同一年内施工,以减少路面开裂。在清扫干净的基层上,也可先做下封层,以防止基层干缩开裂,同时保护基层免遭施工车辆破坏,宜在铺设下封层后的10~30 d内开始铺筑沥青面层的底面层。在经监理人验收合格的基层上，方可铺筑沥青混合料。摊铺必须均匀、缓慢、连续不断地进行，并在摊铺面层时必须采取措施防止层面之间被污染。

2)摊铺机应采用自动找平方式，下面层宜采用钢丝绳引导的高程控制方式，中上面层应采用浮动基准梁的方式控制厚度和平整度。通常应采用两台或两台以上摊铺机组成梯队联合摊铺，两台摊铺机前后的距离，一般为5~10 m。前后两台摊铺机轨道宜重叠5~10 cm，上下层的搭接位置宜错开20 cm以上。

3)沥青混合料的摊铺温度应符合《公路沥青路面施工技术规范》(JTG F40—2004)的要求并应随沥青的标号及气温的不同通过试验确定。一般普通沥青混合料摊铺温度不应低于130 ℃，改性沥青混合料摊铺温度不低于160 ℃。

4)摊铺机应以均匀的速度行驶。其摊铺速度根据拌和能力、摊铺厚度、宽度及连续摊铺的长度而定，一般摊铺速度宜控制在2~4 m/min的范围内，对改性沥青混合料宜放慢至2~3 m/min。

5)要注意摊铺机接料斗的操作程序，以减少粗细集料的离析，并避免运料车卸料时撞击摊铺机。

6)摊铺时应调整好摊铺机熨平板的激振强度，使各块熨平板激振力相一致。以避免激振强度强弱不均使铺层粗、细料在表面和铺层下部分布不均，摊铺的初压实度≥80%。

7)对于摊铺面上所出现洞眼，应在碾压前用人工及时填入适量的热沥青混合料，以达到平整。

8)沥青混合料摊铺过程中随时检查其宽度、厚度、平整度、路拱及温度，对不合格之处应及时进行调整。

9)对外形不规则、路面厚度不同、空间受到限制以及人工构造物接头等摊铺机无法工作的地方，经监理人批准可以采用人工铺筑混合料。

10)当气温低于10 ℃时，不得摊铺热拌沥青混合料；当气温低于15 ℃时，不宜摊铺改性沥青混合料。

(6)沥青混合料的压实及成型。碾压可分为初压、复压和终压。采用双驱振动压路机和胶轮压路机进行碾压，压路机的碾压速度及温度要符合相关规定及要求。

1)压路机不得在未碾压成型或未冷却的路段上转向、制动或停留。同时，应采取有效措施，防止机油、润滑脂、汽柴油或其他杂质在压路机操作或停放期间洒落在路面上。

2)压路机的碾压温度应按试验路确定的碾压温度进行碾压，并应符合《公路沥青路面施工技术规范》(JTG F40—2004)的要求，且应根据混合料种类、压路机、气温、层厚等情况经试压确定。在不产生严重推移和裂缝的前提下，初压、复压、终压都应在尽可能高的温度下进行，初压温度普通沥青混合料不应低于120 ℃，终压温度普通沥青混合料不应低于80 ℃；初压温度改性沥青混合料不应低于150 ℃；终压温度改性沥青混合料不应低于120 ℃。同时，不得在低温状况下做反复碾压，以防石料棱角磨损、压碎、破坏集料嵌挤。

3)碾压中应注意压路机的粘轮现象，对于钢轮压路机和轮胎压路机应分别采用各自相适应措施进行处理。

4)改性沥青混合料碾压较困难,需要更多的压实功,应尽可能提高碾压温度和振动频率,在其不稳定温度区以上获得足够的密度。如果在指定温度内还未压实,则应改用轮胎压路机碾压,不能用钢轮碾,更不能起振,防止推移破坏。

5)采用振动压路机碾压改性沥青混合料路面时,压路机的轮迹重叠宽度不应超过200 mm;但用于静载钢轮压路机碾压时,压路机轮迹重叠宽度不应少于200 mm。

6)在沿着缘石或压路机压不到的其他地方,应采用振动夯板、热的手夯或机夯把混合料充分压实。已经完成碾压的路面,不得修补表皮。桥面铺装不得采用振动压路机,采用振荡式压路机。

7)热拌沥青混合料摊铺压实后,经自然冷却,混合料表面温度低于规范规定的温度时,方可开放交通。

(7)横向接缝处理。

1)上下两层的横向接缝均应错开1 m以上,采用垂直的平接缝。每次都要在接缝处涂上一层粘层油后再进行混合料的摊铺。

2)摊铺机正式摊铺前,加热熨平板,预热已压实的路面使其软化,再对混合料加热,以加强新旧混合料的粘结。

3)当接缝处用人工修整合格后,立即进行碾压,用三米直尺每隔2 m检查一处,各处都必须达到平整度的要求标准。确保接缝处的平整度符合要求。

(8)路面平整度的控制。

1)各面层平整度的质量缺陷应及时得到弥补,否则将会影响上一级面层的平整度。应特别注意清除表面污染,保证表面清洁;应按规定做好桥头搭板前后、面层施工接缝和桥梁接缝等位置衔接。

2)必须严格控制面层集料最大粒径的含量和级配的准确性,以减少压实系数的波动,从而保证路面平整度。

3)注意机械设备的调试和日常检修,应采用具有自动调整摊铺厚度装置(接触式或非接触式平衡梁)的摊铺机进行沥青面层施工;应注意减小压路机初压产生的推挤现象,保证平整度。

4)合理确定拌和、运输的生产能力和摊铺能力相匹配,以保证均匀、连续不断地摊铺。

(9)施工过程质量控制。

1)施工过程中,对施工质量进行自检,并报送监理工程师。自检的资料保存备查。

2)对于原材料的检查应满足规范及业主的要求。

3)按照规范与业主要求进行沥青混合料生产过程在线监测和总量检验,以及沥青混合料质量动态管理。

五、沥青玛琋脂碎石混合料(SMA)上面层施工

1. 材料要求

材料应符合设计图纸及规范要求。

2. SMA 组成设计

满足规范图纸及业主要求。

3. 试验路段的摊铺

(1)在路面铺筑 SMA-13L 上面层前 14 d 或监理工程师认为合适的时间,我方在监理工程师批注的场地并在监理工程师的监督下,做一段长不少于 200 m 半幅宽度的试验段。

(2)试验段目的是为验证 SMA 的稳定性及拌和、运输、摊铺、压实设备和施工方法的适应性,并制定正式的施工程序,在试验段开展工作如下:

1)确定拌和温度、拌和时间,验证矿料级配和沥青用量;

2)确定摊铺温度、摊铺速度;

3)确定压实温度、压路机类型、压实工艺及压实遍数;

4)检测试验路施工质量,不符合要求时应找原因,重铺试验路,直至达到要求。

(3)SMA 摊铺、压实 12 h 以后,应对其厚度和密实度、沥青和纤维稳定剂含量及矿料级配等进行抽样检验,取样检查的频率符合业主的要求。

(4)SMA 面层铺筑试验完成后,写出书面报告,报监理工程师审查批准。经监理工程师批准的试验报告,其材料、工艺、机具、设备等即作为正式铺筑路面的施工依据。

4. 施工设备

(1)间歇式拌合楼严格满足业主要求;

(2)热料仓数量不少于 6 个并满足施工需要,筛网尺寸档次应能满足配制 SMA-13L 等沥青混合料的需要;

(3)能调控供料速度(重量)的冷料仓的数量不少于 9 个并与热料仓相适应;

(4)保温贮料仓不小于 150 t;

(5)提供间歇式拌合楼配套的、采用电子计量与拌合设备联动专用可靠的 SMA 用纤维添加设备;SMA 需要矿粉的供应能力是其他沥青混合料的 2 倍,配适当容积的矿粉罐。

5. 混合料的拌和

(1)粗、细集料应分类堆放和供料,取自不同料源的集料应分开堆放。对每个料源的材料应进行抽样试验,并经监理工程师批准。

(2)拌和前应将集料包括矿粉充分地烘干。每种规格的集料、矿粉、沥青和纤维稳定剂都必须分别按要求的配合比进行配料。

(3)SMA 用改性沥青的加热温度、集料加热温度、混合料的出厂温度、运到施工现场等的温度均应通过试验确定,符合图纸及规范要求。

(4)木质素纤维稳定剂采用专用纤维添加设备自动加入拌合机的拌合锅中,添加纤维应与间歇式拌合机连动的拌和周期自动同步进行。添加纤维的专用设备具备自动电子称重计量系统。

(5)以混合料总量 0.3% 比例掺加纤维稳定剂,掺加纤维的质量允许误差控制在 ±5% 以内。

(6)SMA 混合料拌和时,纤维必须在喷洒沥青前加入拌合缸中,纤维与粗细料经适当干拌后投入矿粉,总的干拌时间不应少于15 s,喷入沥青后的湿拌时间不应少于45 s,保证纤维能充分均匀地分散在混合料中,并与沥青结合料充分拌和。由于增加拌和时间,投放矿粉时间加长等原因而减少拌合机生产率的影响,在计算拌和能力时充分考虑到,以保证不影响摊铺速度,造成停顿。

6. 拌和质量的控制

(1)在正式生产前,或因故中断生产一段时间后再行生产时,均应对指定配合比进行试拌,以确定不同矿料和沥青的用量,以及混合料实际拌和时间。

(2)在正式生产过程中,应严格按照配料单进料和拌和,拌和时,矿粉投入能力应和配合比所需数量一致;并控制混合料的出厂温度;如需改变材料配合比或出厂温度,报经监理工程师批准。

(3)拌和好的成品热料应均匀一致,无花白、粗细料分离或结团成块等现象,对以下不合格的成品料应禁止出厂。

1)改性沥青混合料出厂温度超过180 ℃或低于175 ℃者;

2)有成团、无油或少油或多油者;

3)夹带有较多杂物或发生计量严重不准者;

4)有极为严重的分层离析现象者。

(4)拌和的SMA混合料可在储料仓中存放,存放期不得发生沥青析漏,温降不得大于10 ℃,并且混合料只限当天使用。

7. SMA混合料的运送

(1)运料车厢应涂刷对沥青混合料无损害的防粘液,且箱底低凹处不得积液。

(2)运力应满足供料需要,确保连续不断地摊铺。运料车卸料必须倒净,否则必须及时清除。

(3)运料车在运输途中,不得随意停歇;混合料运输过程,必须加以覆盖,以防止混合料降温超标和结壳。

(4)已装车的混合料如温度超限或颜色异常者,应送到指定地点废弃,不得送往摊铺现场。

(5)运到现场的SMA混合料,应有专人凭料单测温和外观进行检查;凡温度不合格,或发现花白,或结团,或颜色枯褐灰暗,或遭雨淋的,均应废弃,不得使用。

8. 混合料的摊铺

(1)摊铺SMA面层时必须按图纸规定的平面、高度数据设定控制导线或导梁,确保铺筑层的高度、横坡度和宽度符合设计要求。

(2)保证做到均匀、连续摊铺,摊铺过程中不发生随意变换速度或中途停顿的现象。摊铺速度应根据拌合机产量、运力配置情况,通过试验段确定。但保证最慢不低于1 m/min,最快不得超过5 m/min,一般控制在2~4 m/min为宜。

(3)在摊铺过程中,应随时观察摊铺机的工作状态和摊铺层的外观质量,出现异常且调节无效时,应立即停机查明原因,进行调整。对不合格的摊铺层经过整修仍不符合要求时,应铲除重铺。

(4)在摊铺过程中应跟踪检测质量，发现缺陷应"趁热"修补；修补不好的应铲除重铺。

(5)当气温低于15 ℃时，不得摊铺改性沥青SMA混合料；当雨天或下层潮湿的情况下，不得铺筑SMA混合料路面。

9. 混合料的压实

(1)混合料完成摊铺和刮平后应立即进行检查，对厚度、平整度、路拱及温度不合格之处应及时进行调整，随后按铺筑试验所确定的压实设备的组合及程序进行充分、均匀地压实。

(2)压实分为初压、复压和终压三种。压路机碾压的适宜速度应符合业主规定。SMA的碾压速度不得超过5 km/h。混合料未压实前，严禁压路机停留或转头等。

(3)SMA初压用10 t以上钢轮压路机紧跟在摊铺机后面碾压2～3遍，复压用振动压路机振压3～4遍。当经试验证明使用振动压路机初压不造成推挤拥包时，也可用振动压路机初压，静压或振动碾压2～3遍，振动压路机复压采用振动碾压3～4遍。终压采用静压方式，用钢轮压路机碾压1～2遍。以上碾压均以监理工程师批准的试验路段施工程序为准。

(4)采用振动压路机碾压SMA应遵循"高温、紧跟；匀速、慢压；高频、低幅；先边、后中"的方针。即压路机必须紧跟在摊铺机后面碾压，并采取高频率、低振幅的方式碾压。

(5)SMA必须在摊铺后尽可能高的温度状态下碾压，不得等候。不得在低温状态下反复碾压，破坏嵌挤。碾压作业时上面层SMA的初压温度不得低于150 ℃，终压温度不得低于120 ℃。

(6)碾压应纵向由两边向中间慢速均匀地进行。采用振动压路机时，压路机轮迹重叠宽度不应超过200 mm；采用静载钢轮压路机时，压路机轮迹的重叠宽度不应少于200 mm。

(7)碾压时或混合料未压实前，压路机不得中途停留、转向或制动。当压路机来回交替碾压时，前后两次停留地点应相距10 m以上，并应驶出压实起始线3 m以外。

(8)压路机不得停留在温度高于60 ℃的已经压过的混合料上。同时，应采取有效措施，防止油料、润滑脂、汽油或其他杂质在压路机操作或停放期间落在路面上。

(9)压实时，如接缝处(包括纵缝、横缝或因其他原因而形成的施工缝)的混合料温度已不能满足压实温度要求，应采用加热器提高混合料的温度至要求的压实温度，再压实到无缝迹为止。否则，必须垂直切割混合料并重新铺筑，立即共同碾压到无缝迹为止。SMA的碾压应严格控制碾压遍数，防止过度碾压，压实度不小于98%，现场取样的空隙率不大于6%时，宜终止碾压。

(10)如压路机压不到的地方，应采用振动夯板或机夯把混合料充分压实。已经完成碾压的桥面，不得修补表皮。

(11)当SMA碾压完成，表面温度降至70 ℃～80 ℃时，应采用轮胎式压路机进行辅助碾压。SMA面层每天摊铺碾压完工后，在其末端尚未完全冷却之前切割成垂直平面，以保证横接缝处理平顺，提高平整度。

10. 横接缝处理

(1)由于工作中断，摊铺混合料的末端已经冷却，则在第二天恢复工作时，应按横接缝处理。

(2)接续摊铺前应先检查接缝处已压实的路面,如果不平整、厚度不符合要求时,应切除后再摊铺新的混合料。

(3)横向缝接续施工前必须将缝边缘清扫干净,涂刷粘层油并用熨平板预热。

(4)接缝应粘结紧密,压实充分,连接平顺。

(5)横向接缝的碾压应先用双轮或三轮钢筒式压路机进行横向碾压,并应在路面纵向边处放置支撑木板,其长度应足够压路机驶离碾区。如果因为施工现场限制或相邻车道不能中断交通时,也可沿纵向碾压,但应在摊铺机驶离接缝后尽快进行,且不得在接缝处转向。

第三章　冬期和雨期施工安排

一、冬期施工安排

(1)当工地昼夜平均气温(每天6时、14时、21时所测室外温度的平均值)低于+5℃或最低气温低于-3℃时,工程按冬期施工办理。

(2)为保证工程施工质量,在冬季严格按冬期施工要求进行施工。

(3)开工前与当地气象部门签订服务合同,及时掌握天气预报的气象变化趋势及动态,以利于安排施工,做好预防准备工作。

(4)根据本工程施工的具体情况,确定冬期施工需要采取防护的具体工程项目或工作内容,制定相应的冬期施工防护措施,并在物资和机械方面做好储备和保养工作。

(5)施工机械加强期保养,对加水、加油润滑部件勤检查,勤更换,防止冻裂设备。

(6)检查职工住房及仓库是否达到过冬条件,及时按照冬期施工保护措施做过冬棚,准备好加温及烤火器件。当采用煤炉和暖棚施工时,做好防火、防煤气中毒措施,棚内必须有通风口,保证通风良好,并准备好各种抢救设备。

(7)在进入冬季前提前做好施工现场的防寒保暖工作,对人行道路、脚手架上跳板和作业场所采取防滑措施。

二、雨期施工安排

(1)在进入雨期施工前,现场要备好充足的塑料布,油毡等防雨材料。

(2)雨季前要检查建筑物四周回填土是否有塌陷现场,施工道路和材料堆放场地是否有低洼现象,若有塌陷和低洼现象要及时培土及夯实。

(3)要经常检查现场排水情况,要疏通排水沟。

(4)雨季前,要检查各种库房是否有渗漏现象,发现有渗漏现象要进行修复。

(5)现场设天气预报台,随时掌握天气变化情况,以便安排现场施工。

(6)遇有下雨时,新砌筑的砖砌体和新浇混凝土要覆盖塑料布或油毡进行防护。

(7)雨期施工要严格控制砂浆稠度,因雨淋失浆的砂浆要重新加水泥拌和后使用。

(8)雨季前要对电源、线路进行全面检查维修,各种电机要有防雨设施。

附表一　施工总体计划表　　　　　　第1合同段

年度 主要工程项目	2011年												2012年											
月份	1	2	3	4	5	6	7	8	9	10	11	12	1	2	3	4	5	6	7	8	9	10	11	12
1. 施工准备																								
2. 垫层施工																								
3. 底基层施工																								
4. 基层施工																								
5. 下面层施工																								
6. 中面层施工																								
7. 抗滑层施工																								
8. 路缘石施工																								
9. 排水构造物施工																								
10. 伸缩缝施工																								
11. 收尾工程																								

附表二　分项工程进度率计划(斜率图)

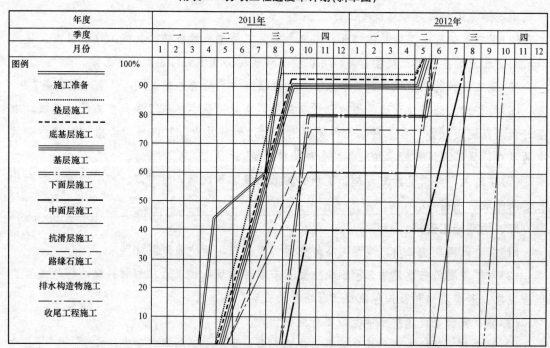

附表三 分项工程生产率和施工周期表

序号	工程项目	单位	数量	平均每生产单位规模（___人，各种机械___台）	平均每生产单位生产率(数量/每周)	每生产单位平均施工时间/周	生产单位总数/个
1	垫层施工	1 000 m²	917.624	平均每生产单位规模 40人，各种机械20台	23.44	19.57	2
2	底基层施工	1 000 m²	824.883	平均每生产单位规模 60人，各种机工25台	21.23	19.43	2
3	基层施工	1 000 m²	787.068	平均每生产单位规模 60人，各种机械25台			
4	下面层施工	1 000 m²	758.846	平均每生产单位规模 70人，各种机械30台			
5	中面层施工	1 000 m²	868.575	平均每生产单位规模 70人，各种机械30台			
6	抗滑层施工	1 000 m²	866.963	平均每生产单位规模 70人，各种机械30台			
7	路缘石施工	m³	4 417.53	平均每生产单位规模 20人，各种机械10台			
8	排水造物施工	m	23 507	平均每生产单位规模 20人，各种机械10台			

附表四 施工总平面图

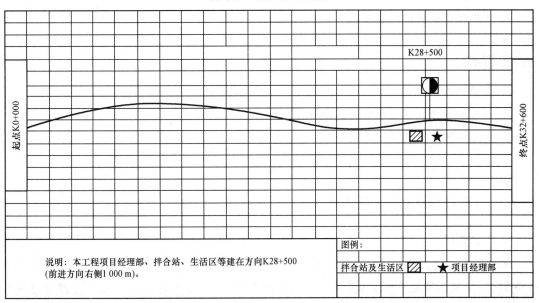

说明：本工程项目经理部、拌合站、生活区等建在方向K28+500（前进方向右侧1 000 m）。

项目三　桥梁工程施工组织设计

　　桥梁工程施工组织设计，是在桥梁施工之前编制的指导性文件，主要包含桥梁施工方案、施工进度计划、资源需要量计划、施工平面布置图等方面，主要为桥梁施工过程提供相关的技术指导。本项目以实际桥梁工程施工为载体，介绍施工方案的编制方法、施工进度网络图的绘制方法、资源需要量的编制方法、施工平面图的布置方法。

任务一　制订桥梁工程施工方案

知识目标

1. 掌握常见桥梁工程施工方法；
2. 掌握编制桥梁施工方案应考虑的主要因素；
3. 掌握常用的桥梁施工机械；
4. 掌握施工机械的组合方法。

能力目标

1. 能根据工程概况选择正确的施工方法；
2. 能根据施工方法合理配置施工机械；
3. 能编制桥梁工程施工方案。

一、工程概况及主要工程数量

1. 工程概况

　　本项目为立交式分二层分离式跨线立交，本次设计主线长度为 1 497.657 m，上跨立交长度为 1 300 m，桥梁长度为 950 m，引道长度为 350 m，梁宽度为 17.5 m。上跨立交端头两侧设置辅道，西侧为 A 线和 B 线；东侧为 C 线和 D 线，车行道净宽为 6.5 m，单向双车道，与原有桥连接。

2. 地质、水文情况

　　(1)地形地貌。距地面调查测绘：场地内地形由河床、河堤、道路等组成，河堤与河床呈坡状，平均坡度为 45°左右，高差为 6.5～6.8 m，水面宽度约为 100 m。

(2)地质。本工程中 11 号墩桩基础设计穿过该破碎带，并嵌入下盘微风化岩层 2 m，桩基 38.78 m，在施工中应予以注意。

(3)场地地震效应。依据《建筑抗震设计规范(2016 年版)》(GB 50011—2010)附录 A 的前规定，本场地抗震设防烈度为 7 级，设计地震分组为第一组，设计基本地震加速度值为 0.10g，设计特征周期为 0.35 s。

(4)气候、气象、水文。拟建工程所在地处中温带，属于温冷湿润的大陆性气候，受东北亚季风和地形影响，夏季凉爽多雨，冬季寒冷，春秋两季较短，风沙大，蒸发量较大，四季分明。

3. 主要技术标准

道路等级：城市主干路。

设计年限：15 年。

立交净空：3.5 m。

路面设计轴载：标准轴载 BZZ-100。

抗震设防基本烈度：7 度。

高程采用黄海高程系。

4. 主要工程数量

(1)灌注桩混凝土 C25：2 461.5 m^3。

灌注桩钢筋：215 t。

(2)承台混凝土 C30(C30～C20)：1 385 m^3。

钢筋制作安装：147.5 t。

(3)柱式墩台身混凝土 C35(C35～C20)：1 646 m^3。

钢筋制作：415 t。

(4)现浇混凝土箱梁 C50：12 373.1 m^3。

钢筋制作安装：2 237.8 t。

钢绞线(ϕ^s15.24)：477.4 t。

(5)防撞墙混凝土 C30：680 m^3。

钢筋制作安装：140 t。

桥梁混凝土表面涂装：25 390 m^2。

二、桥梁工程施工方案

本标段各分项工程项目采用平行流水作业的施工方案。

桩基采用冲击钻成孔和人工挖孔。即 13♯－17♯在河中，安排 2 台钻机施工，其余采用人工挖孔。河内施工时采用分段筑岛、搭设临时便桥施工。

钻孔桩钢筋笼采用整体吊装，导管法灌注水下混凝土。

承台采用人工配合挖掘机开挖,组合钢模板浇筑混凝土。施工承台时,混凝土由溜槽入模。

墩台身采用大块整体钢模板,立模一次到顶,若不能一次到顶,采用分段拼装立模;墩模采用汽车起重机吊装安放,缆风绳及加强箍固定,混凝土采用输送泵浇筑。墩柱钢筋在加工场加工,现场绑扎。

基础及墩柱混凝土运输采用混凝土运输车运送,混凝土灌注采用汽车混凝土输送泵车入模灌注。

1. 钻孔桩基础

(1)冲击钻机成孔。对于地层中有硬岩、孤石、大粒径的卵石层的桩位应采用冲击钻。开孔时先在孔中灌入泥浆或直接注水,投入黏土,用冲击锥以小冲程反复冲击造浆。开孔及整个钻进过程中始终保持孔内水位高出地下水水位 1.5～2.0 m,并防止溢出,掏碴后及时补水。护筒底脚以下 2～4 m 范围内一般比较松散,采用浓泥浆(或按 1∶1 投入黏土和小片石)、小冲程、高频率反复冲砸,以促使护筒底口形成"硬壳"。避免护筒底口漏浆。冲击钻孔时,若遇到倾斜岩面,则回填黏土、小块片石并用小冲程冲砸,冲砸过程中一面挤石造壁,一面切削倾斜岩面,直至全断面进入岩石后正常钻进。

(2)检孔及清孔。桩深达到设计要求后,还必须检验桩径、垂直度、泥浆厚度等指标,并做好记录,合格后进行清孔换浆。如发生弯孔、斜孔、缩孔等情况较严重时,应重新钻孔。清孔的目的是降低孔内泥浆比重,减少沉碴厚度。保证混凝土灌注质量,沉碴厚度必须控制在规范或设计要求范围内。

清至泥浆比重为 1.05 左右,测量沉碴厚度,合格后开始下钢筋笼。

(3)钢护筒制造与安装。钻孔桩所需钢护筒,采用厚度不小于 8 mm 的钢板弯制,接缝焊接。

钢护筒采用振动打桩机打入(或拔出)地层,打入深度不小于 2 m,并根据地层实际情况进行计算加长,并保持其稳定性要求。钢护筒上口与作业平台钢横梁连接牢固。严格控制护筒安装位置,确保其顶面偏差不超过 5 cm,垂直度在 1‰ 之内。在确保桩基混凝土质量的前提下,桩基水下混凝土灌注完毕后终凝以前拔出护筒。

(4)钻孔作业。

1)采用冲击钻机钻孔,用汽车起重机吊装就位。

2)钻机底盘垫平,并保持稳定。支撑钻机、叉杆的支撑点固定牢固,钻机顶端的缆风绳对称拉紧。钻头或钻杆中心与护筒顶面中心的偏差不大于 5 cm。

3)钻孔一次成孔,中途不停顿。井孔达到设计深度后,对孔位、孔径、孔深和孔形等进行检查,并按规范规定填写记录表。成孔后的孔内泥浆应清洗至规定值,混凝土灌注前,孔底淤泥值不超过 20 cm。成孔后的井位偏差满足设计要求。经过监理人员检查桩孔合格后,安放钢筋笼。

(5)钢筋笼制作及安装。钢筋笼在加工场统一加工制作。加工时根据骨架的自身刚度及起重机的起吊能力分成 9～16 m 一节,分节制作均需在型钢焊制的骨架定位平台上进行,以保证钢筋笼的整体垂直度及节与节之间主筋连接的对位精度。钢筋笼采用自制的双轮拖车运至孔位，使用汽车吊机起吊入孔，主筋接长采用套筒挤压焊进行焊接。钢筋笼的保护层定位采用焊接Ⅱ形定位钢筋。控制钢筋笼的上浮、下沉问题，采用在钢筋笼上伸出（焊接）的四根吊筋，吊筋上端做成套环，套环内穿插铁管，铁管担在井口平台上。

平台的标高与吊筋的长度应严格控制，以保证钢筋笼的设计高度。当钢筋笼达到标高后，用4根铁线将其固定在护筒上，事先在孔壁向上凹的半周设置外径等于钢筋骨架保护层厚度的钢管3～4根，防止骨架刮坍孔壁。

(6)桩基混凝土。混凝土采用拌合站统一拌制，混凝土输送车运至现场，水下混凝土灌注采用导管灌注法。导管采用内径30 cm、节长1.2～2 m的钢管，节间采用法兰盘螺栓连接。使用前对导管进行水密性试验，试验合格后使用。混凝土封底采用拔球法开球，开球后，移走大漏斗，换上小漏斗，用混凝土输送泵直接灌注，边灌注边用测绳测量水下混凝土面与导管底面的高差，以控制导管埋深，要求导管埋深为2～6 m，并认真填写灌注记录。导管提升利用汽车起重机起吊。混凝土灌注连续进行，一次性浇筑完成。混凝土灌注高度高于桩顶设计标高0.5 m以上，多余部分待开挖基坑后凿除。在灌注过程中，随时核对混凝土的灌入数量，校核所测混凝土的灌注高度，以免发生断桩的质量事故。

桩基混凝土施工完成后，按规定进行桩基检测，检测完成后，再进行下道工序施工。

2. 承台施工

桩基施工完成达到一定强度后进行桩头凿除工作，灌注桩高出设计部分全部凿除。凿除桩头采用风动凿岩机凿除，保留10～20 cm高用人工清除，并进行桩基检测。在凿除桩头工作时，保证桩头钢筋不受损伤。凿除桩头浮浆，调直桩头钢筋，接着铺设100 mm厚C10混凝土垫层找平，垫层达到一定强度后，绑扎钢筋，然后支立模板。模板采用钢模拼装，内设φ12拉筋，外部用100 mm×100 mm的木方固定，四面加侧向方木做横向支撑，保证模板在浇筑混凝土时不变形。经监理工程师检验合格后，进行系梁混凝土的灌注施工，施工中保证预埋钢筋位置的准确性和牢固性。

3. 桥墩柱施工

桥墩柱采用双柱门式、独柱花瓶式墩及单柱式墩，尺寸有1.6 m×1.6 m，1.6 m×2.0 m、1.6 m×2.8 m。根据桥墩数量拟模板加工数为：1.6 m×1.6 m型2套，1.6 m×2.0 m型2套、1.6 m×2.8 m型1套。

在施工时，墩身钢筋与基础钢筋的预留连接，保证搭接长度及施工规范要求，接茬处按施工缝处理。墩身钢筋与基础钢筋采用焊接连接，墩柱主筋采用套筒挤压焊接。钢筋现场放样，确定每根长度。墩身模板采用整体钢模板，墩身模板支立时固定牢固，用多个手拉葫芦从四周及封底混凝土和系梁的预埋件处对拉固定，认真检查模板尺寸垂直度、钢筋保护层厚度、钢筋绑扎尺寸及涂刷隔离剂等，经监理工程师检查合格后，方可灌注墩身混凝土，按500 mm高分层浇筑，利用汽车起重机进行混凝土浇筑施工，混凝土一次浇筑成型。混凝土强度达到设计强度后，可以拆除钢模板。

4. 现浇预应力混凝土连续箱梁

施工根据工期及实际情况，满堂重力脚手架采用3套架子，2套底模，2套侧模。

(1)满堂重力脚手架。施工时，对桥位处地基处理，按设计要求进行放样，画出用地界线。在两侧修筑排水沟，用于排除用地范围内积水和施工期间雨水。支架范围内地基分层夯实，其上填筑30 cm厚的砂粒，并用压路机压实，以防止支架沉陷，地基面筑成中拱型，并铺一层粗砂，以利于排水。在处理完成的地基上铺设20 cm×20 cm×6 m的卧木，用于支撑脚手架，并在卧木上安设支架基座。

满堂支架的上端和下端设置螺旋式顶托和底托，用以调整支架和拆底模板。重力脚手架间距纵向、横向均为120 cm，只在桥墩处进行加密布置，间距调整为60 cm，加密范围为顺桥向6 m长。

脚手架上端采用可调式顶托，在顶托上纵向铺设P43钢轨，横向铺设10 cm×10 cm木方，再铺设连续箱梁底模板完成支架安装工作。

(2)支架预压。在支架及底模铺设完毕后，进行支架预压。支架预压的目的，一是消除混凝土施工前支架的非弹性变形；二是检验支架的受力情况和弹性变形情况。预压质量不得小于施工荷载(含自重)的120%，预压荷载采用编织袋装砂，每袋为50 kg，利用汽车起重机及专制工具成组吊装上桥。预压时间不得小于3 d，待浇筑腹板混凝土时开始逐步减压。

预压后，在加载完成后按一定时间间隔测试各预定点高程，直至沉降量达到设计或规范要求时卸载。预压时主要观测的数据有：支架底座沉降—地基沉降；顶板沉降—支架沉降；卸载后顶板可恢复量以及支架的侧位移量和垂直度。测量时选用足够的预测点，以保证测量数据的准确性。

卸载后，按测得的沉降量及设计标高，重新调整模板标高，以保证混凝土施工后，底模仍保持其设计标高。

(3)连续梁模板。连续箱梁的外模板采用钢模板，模板在制作场内制作并试拼，再运到施工现场。内模采用木模板配木支架支撑。模板组装要牢固，使用时，备杆达到相当的强度，确保浇筑混凝土及振捣过程中模板不出现变形和漏浆现象，保证施工质量。模板拼装时应根据变形状况做好预拱度的设置。

(4)连续梁钢筋。

1)钢筋加工在钢筋加工场地进行。钢筋选材应符合设计规范质量标准，钢筋加工制作时，统一编号，集中分类堆放。钢筋焊接采用交流对焊机和直流电焊机。

2)连续梁骨架钢筋在钢筋加工场固定平台上焊接成型，待底模支立完毕后吊装入模，绑扎成型。之后绑扎细部钢筋，钢筋加工使用特殊的加工平台，以保证加工精度。

3)孔道定位应用焊接在钢筋骨架上的井字形网片，预应力管道采用预埋塑料波纹管成孔，波纹管使用套管接长，接长后用胶带扎严以防漏浆。

(5)连续梁混凝土。

1)混凝土由混凝土拌合站统一供应，使用混凝土输送泵泵送入模。混凝土施工按照底板—腹板—腹板—顶板顺序施工,一次性浇筑成形。混凝土振捣采用插入式振捣棒结合平板振捣器,振捣时避免碰撞预埋件。

2)混凝土施工时,由专人负责看模,并随时检查内、外模支护情况,避免出现漏浆、跑模现象。

3)混凝土顶面标高由专人测量控制,拉线找平,并于终凝前多次抹光。

4)混凝土施工完成后及时覆盖洒水养护,并制备同体混凝土标准试块多组以备确定张拉时间及检验试验。

(6)连续箱梁预应力施工。预应力材料经现场监理工程师抽检合格后,方可使用。根据预应力筋及张拉吨位的要求选择匹配的张拉机具。张拉前将千斤顶、油泵及压力表送国家计量认可单位校验,合格后方可使用,并且统一编号配套进行标定。施工中千斤顶、油泵及压力表配套使用,当梁体混凝土强度达到设计要求后,方可张拉。在施工梁体钢筋时,将钢束预先穿入波纹管,焊好波纹管定位筋,将其牢固定位,浇筑混凝土时小心振捣,振捣棒不能触及波纹管。张拉前仔细检查锚垫板和孔道,锚垫板位置准确,孔道内畅通,无水和其他杂物。

在箱梁混凝土的强度达到100%且龄期达到14 d以上时,经检查无误后按设计图中钢束张拉顺序进行张拉。纵向预应力筋采用两端张拉,张拉作业按以下过程进行:$0\rightarrow$初应力$0.1\delta_k \rightarrow 1.0\delta_k \rightarrow$持荷2分钟$\rightarrow$锚固。张拉完成后使用砂轮锯切割外露钢绞线,切割留有3 cm以上的外露端头。

(7)拆模。待张拉工作全部完成,且管道压浆的强度达到设计强度要求后,进行支架及模板拆除作业。拆模时,首先拆除翼板支撑和侧模模板,然后拆除支架及底模。拆卸支架应待管道压浆的强度达到设计强度的90%以上时方可进行,落架时按全孔多点、对称、缓慢均匀的原则,由跨中向支点拆卸。

5. 桥面系及附属工程

(1)桥面系。桥面系底层为10 cm厚C50钢筋混凝土,顶层为6.5 cm沥青混凝土,并设防水层。桥面混凝土铺装层的钢筋采用ϕ12@15 cm(横桥向)×10 cm(顺桥向)的焊接钢筋网,钢筋网需由直径为22 mm的钢筋直立垫起,间距为1 m×1 m,直立钢筋与铺装钢筋之间焊接牢固。钢筋网下设置事先预制好的混凝土垫块,以保证钢筋保护层厚度,在浇筑混凝土过程中设专人检查,避免钢筋网直接贴在梁面上。

采用混凝土运输车运输混凝土,混凝土输送泵浇筑,在施工过程中,施工人员及机具不得踩踏在钢筋网上。浇筑桥面混凝土前在桥面范围设钢筋标高点,以利于在浇筑过程中控制桥面标高。桥面铺装在全桥宽上同时进行。采用振捣梁振捣,局部角落辅以插入式振捣棒补强。注意:振捣梁施工时,避免将钢筋网下压。

(2)防撞墙。当桥面混凝土强度达到设计强度的85%以上时,方可浇筑防撞墙。防撞墙按实际线性浇筑,防撞墙端填塞聚苯乙烯硬质泡沫板,表面涂2 cm厚弹性密封膏。

防撞墙为C30钢筋混凝土,模板采用定型钢模板,混凝土由混凝土运输车运至现场,人工入模,机械搅拌。混凝土施工时注意预埋钢管预埋件,如果钢管和防撞墙中钢筋发生干扰，可适当调整防撞墙中钢筋，以保证钢管预埋位置准确，防撞墙上部设置钢管，所有铁件均需做防腐处理。防撞墙设置0.3 cm宽的垂直缝。13 m跨径设2道，16 m、20 m跨径设3道，25 m跨径设4道，此处顺桥向钢筋断开，但墙上纵向钢管不断开。

(3)搭板。由于桥台与桥头路基存在不均匀沉降，桥梁台后设置搭板，搭板采用C25混凝土，底层为30 cm厚C25素混凝土。搭板具体长度见施工图，搭板栓钉一半插入板中，另一半插入台背后企口中心处，沿宽度方向间距为50 cm；每根栓钉配两根螺旋筋，一根埋置在台背后企口中心处，另一根在现浇搭板前套在栓钉上。混凝土由混凝土运输车运至现场，人工入模，插入式振捣棒振捣密实。

(4)人行道外侧栏杆底座施工。

1)底座施工。测量测出底座边线及标高，按边线凿毛清理，绑扎钢筋，将防撞墙与墙身钢筋一起绑扎，支立模板时按边线支立牢固，并确保模板顺直。模板校正后，给出底座顶标高，每隔0.8~1.0 m一点将标高画在模板上按图纸要求埋置预埋件。混凝土用混凝土搅拌运输车运至浇筑地点，由人工用铁锹将混凝土送入模内，从一端至另一端进行，插入式振捣器振捣，分层浇筑，每层厚度不超过20 cm，浇筑至顶面标高后，用木抹抹平，铁抹子压光，栏杆底座部分做拉毛处理。待混凝土强度达到设计强度的50%时，即可拆除模板。模板采用组合钢模，护栏底座浇筑时，护栏立柱处留有直径略大于立柱直径的孔。

2)栏杆底座的施工。底座拆模后，测出栏杆底座底边线，沿边线支立模板，模板采用定型钢模，模板支立要牢固、顺直，经校正后，浇筑混凝土。混凝土斜向分段、水平分层浇筑，每层厚度不超过30 cm，用插钎配合插入式振捣器振捣，以利于气泡排出。混凝土浇筑时，预埋钢管扶手及防落物网预埋件，待混凝土强度达到设计强度的50%时，拆除模板，安装钢管扶手及防落物网。

3)人行道板的施工。人行道板采用预制的方法，在桥梁施工现场附近找一平整的场地进行场地平整碾压后，铺砌砂砾垫层，制作预制台座。

模板由底模、侧模两个部分组成。一般预先分别制作成组件，在使用时再进行拼装，模板以钢模板为主，在齿板、堵头或棱角处采用木模板。

模板的支撑应该牢固，对于翼板或顶板采用框架式木支撑。一次性浇筑混凝土，要注意混凝土外观，各种接缝要紧密不漏浆，必要时在接缝间加密封条。混凝土的脱挂剂应采用清洁的机油、肥皂水或其他质量可靠的脱模剂，不得使用废机油。

任务二　编制施工进度计划

知识目标

1. 了解网络计划技术的基本原理、优点及分类；
2. 掌握双代号网络图的绘图规则及绘制方法；
3. 掌握双代号网络图中工序之间的逻辑关系的表示方法；
4. 掌握双代号网络图的绘制及时间参数的计算方法；
5. 掌握双代号时标网络图的绘制方法；
6. 掌握网络计划的优化方法；
7. 掌握单代号网络图的绘图规则及绘制方法。

能力目标

1. 能根据施工方案绘制桥梁工程双代号网络图；
2. 能根据双代号网络图及工作持续时间，计算时间参数；
3. 能根据工期要求，对双代号网络计划进行优化；
4. 能根据施工方案绘制桥梁工程单代号网络图。

子任务一　绘制双代号网络计划图

网络计划技术，也称网络计划法，是 20 世纪 50 年代后期发展起来的一种计划管理的科学方法。早在 20 世纪初期，美国工程师亨利发明了"横道图法"，但是随着科学技术的不断进步，建设规模的越来越大，横道图法的一些缺点也逐渐暴露出来，如不能显示各项工作之间的内在联系和逻辑关系，特别是不能使用现代的计算工具——计算机。

为了适应现代化大生产的组织管理，一些行之有效的网络计划陆续产生。1956 年，美国杜邦公司开发了一种面向计算机描述工程项目的合理安排进度计划的方法，此方法称为关键线路法(Critical Path Method)，简称 CPM 法。杜邦公司采用此方法安排施工和维修等计划，仅一年时间就节省了约 100 万美元。到 1958 年，美国海军部武器局特别计划室提出了计划评审法(Program Evaluation and Review Techniques)，简称 PERT 法。该方法应用于制订美国海军北极星导弹研制计划，收到了良好的效果，比原定计划完成时间提前了两年，并节省了大量资金。

随后，网络计划技术风靡全球，不断发展，以 CPM 方法为基础，又研制了如搭接网络计划法(DLN)、图形评审技术法(GERT)、风险评审技术法(VERT)、决策网络计划法(DN)、仿真网络计划法和流水网络计划法等。从此网络计划技术作为一种现代管理方法，广泛应用于工业、农业、建筑业、国防和科学技术研究各个领域。

我国从 20 世纪 60 年代开始应用网络计划技术，著名数学家华罗庚教授结合我国实际情况，在吸收国外网络技术理论的基础上，将其统一命名为统筹法。网络计划技术在我国已广泛应用于国民经济各个领域的计划管理中，而应用最多的还是工程项目的施工组织与管理，并取得了巨大的经济效益。

一、网络计划技术的基本原理

网络计划技术是从整个系统着眼，把一项工程作为一个系统，将系统中相互依存、相互制约的要素之间的关系用网络图的形式形象地表示出来。人们可以预先分析和估计工程项目进行过程中可能发生的各种影响和资源利用的因素，统筹规划和安排，并进行目标优化，使项目能按预定的目标进行。在实施过程中可以经常按变化了的情况进行调整，使施工得以全面地达到优质、节省和快速的要求。

网络计划的基本原理是，首先应用网络图形式来表达一项工程中各项工作之间错综复杂的相互关系及其先后顺序。接着可进行时间参数的计算，通过计算能找出决定工期的关键工作和关键线路，再通过优化、调整，不断地改进网络计划，寻求最优方案并付诸实施。最后在计划执行过程中进行有效的监测和控制，以便合理使用资源，优质、高效、低耗地完成预定的工作。

二、网络计划技术的特点

(1)能把工程项目生产过程的各个环节有机地组织起来，并指明其中的关键所在，从而可使各级领导和管理人员既能统筹安排，考虑全局，又能抓住关键，实行重点管理。

(2)能反映整个生产过程各项工序之间相互制约和相互依赖的关系。

(3)能通过各种时间的计算，确定出关键工序，便于管理人员抓住关键，确保按期竣工，避免盲目抢工。

(4)通过各工序总时差(机动时间)和局部时差的计算，能更好地运用和调配人力与设备，达到成本加快进行的目的。

(5)在计划执行的过程中，能够预见某一工序因故提前或推迟完成对工程进度的影响程度，便于及早采取措施，保证自始至终对计划进行有效的控制与监督。

(6)能够设计出许多可行方案，并从中选出最佳方案。

(7)可以利用计算机进行计算、调整与优化。

网络计划技术不仅是一种编制计划的方法，而且还是一种科学的施工管理方法。其有助于管理人员合理地组织生产，使他们做到心中有数，知道管理的重点应该放在何处，怎样缩短工期，在哪里挖掘潜力，如何降低成本。

三、双代号网络计划图

1. 双代号网络计划图的组成

用双代号网络计划图来表示工程进度计划是目前应用较为普遍的网络计划形式。这种网络图由箭线、节点和线路三个要素组成。其工作由箭线来表示，节点都编以号码，箭线前后两个节点的号码代表该前线所表示的工序，因此称为"双代号"，其形式如图 3.1 所示。

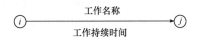

图 3.1 双代号网络图形式

(1)箭线。一条箭线表示一项工作，如桥梁墩台施工、桥面铺装等。箭线的箭头和箭尾各与一个圆圈衔接，如图 3.2 所示。i 为箭尾，表示工作的开始；j 为箭头，表示工作的结束。工作名称写在箭线上方，完成工作所需要的时间写在箭线的下方。箭线表示各项工作之间的关系，主要取决于网络计划的详细程度。

双代号网络图箭线有实箭线和虚箭线，如图 3.2 所示。

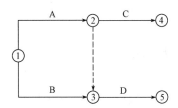

图 3.2 双代号网络图实箭线与虚箭线

1)实箭线：表示工作需要占用时间和消耗资源。如桥墩混凝土浇筑施工，完成它需要消耗一定的人工、材料、机械和时间。也有些工作只消耗时间，不消耗资源，如在桥墩混凝土浇筑完毕后，需要进行一定时间的养护方可进行下一道工序。这些工作用"→"表示，如图中①—A→②、③—D→⑤所示。

2)虚箭线：表示的工作既不消耗时间，也不消耗资源，即虚工作，只是用来表示工作之间逻辑关系的一种符号，这些工作用"----→"表示，如图中②----→③所示。

(2)节点。节点是网络图中两道工序之间的交接点，用圆圈表示。箭尾的节点为开始节点，箭头节点为结束节点。网络图的第一个节点叫作网络起始节点，最后一个节点叫作网络终点节点，它们分别表示网络计划的开始和结束，除整个网络计划的起始节点和终点节点外，其余任何一个节点都叫作中间节点，有双重含义，既是前面工序的结束节点，又是后面工序的开始节点。如图 3.2 中所示的节点 2、3 即为中间节点，如节点 2，既表示工作 A 的结束，又表示工作 C 的开始。

(3)线路。从网络起始节点到网络终点节点的通路称为线路。线路有很多条，通过计算可以找到需用时间最长的线路,这条线路称为关键线路,位于关键线路上的工作称为关键工作,关键线路一般用粗箭线(或双箭线)表示。

2. 常见双代号网络图的工作逻辑关系及虚箭线的应用

(1)逻辑关系的含义:指导工序之间客观上存在的一种相互制约或者相互依赖的先后顺序关系。根据施工工艺和施工组织的要求,它包括工艺逻辑关系和组织逻辑关系。如桥梁工程施工,桩基础→墩台→承台→梁板为工艺关系,而在整个合同段内,含一座以上的桥梁,如桥梁1→桥梁2→桥梁3为组织关系。在表示施工进度计划的网络图中,根据施工工艺和施工组织的要求,应正确反映各道工序之间相互依赖和相互制约的关系,这也是网络图与横道图的最大不同之处。

各工序之间的逻辑关系表示是否正确,是网络图能否反映工程实际情况的关键,也是网络计划实施的重要依据。如果逻辑关系错了,网络图中各种时间参数的计算就会发生错误,关键线路和工程的总工期也将发生错误。

要画一个正确的网络图,必须根据施工工艺和施工组织的要求确定各道工序之间的逻辑关系,才能逐步地按工序的先后顺序把代表各道工序的箭线连接起来,绘成一张正确的网络图。

确定各道工序之间的逻辑关系,必须要解决下面三个问题:

1)该工序必须在哪些工序之前进行。
2)该工序必须在哪些工序之后进行。
3)该工序可以与哪些工序平行进行。

这样,工作关系就有紧前工序、紧后工序和平行工序,如图3.3所示。

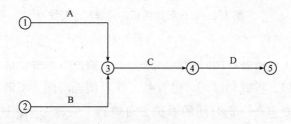

图3.3 紧前、紧后、平行工序

就工序C而言,它必须在工序D之前进行,是工序D的紧前工序;工序C必须在工序A、B之后进行,是工序A、B的紧后工序;而工序A、B是平行进行的,则A、B是平行工序。

(2)各种逻辑关系的正确表示方法。在网络图中,各工序之间的逻辑关系是千变万化的,表3.1中列出了网络图中最常见的一些逻辑关系及其表示方法。表中工序名称以字母表示。

表3.1 网络图中的逻辑关系与表示方法

1	A完成后B进行	①—A→②—B→③	B工序依赖A工序 A工序约束B工序的开始

续表

2	A、B、C 同时开始		A、B、C 三道工序称为平行工序
3	A、B、C 同时结束		A、B、C 三道工序称为平行工序
4	A 完成后进行 B、C		A 工序制约着 B、C 工序的开始，B、C 称为平行工序
5	A、B 均完成后同时进行 C、D		通过中间节点正确表达了 A、B 与 C、D 之间的关系
6	A 完成后进行 C，A、B 完成后进行 D		通过引入虚工序，才能正确表达 D 与 A 之间的逻辑关系
7	A、B、C 均完成后进行 D，B、C 均完成后进行 E		虚工序表示 D 工序受到 B、C 工序制约
8	A 完成后进行 C，A、B 完成后进行 D，B 完成后进行 E		虚工序反映出 C 工序只受 A 工序制约，虚工序反映出 E 工序只受 B 工序制约，同时 D 工序受 A、B 工序制约

9	A、B两道工序分成三个施工段，分别流水施工：A_1完成后进行A_2、B_1 A_2完成后进行A_3、B_2 B_1完成后进行B_2 B_2完成后进行B_3	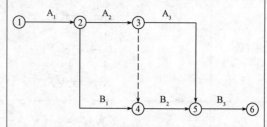	每道工序建立一个专业施工队伍，在每个施工段上进行流水作业，不同工序之间用逻辑搭接关系表示

(3)虚箭线在双代号网络图中的应用。虚箭线表示该工序既不消耗时间，也不消耗资源，是一个假想的工作，它只是表达了各工序之间的逻辑关系，具体应用表现在以下两个方面：

1)将前后工作连接起来。如表3.1中第6项，引入虚工序，将A、D两道工序连接起来。

2)将工作关系隔断。如表3.1中第6项，逆箭线方面将B、C工作关系断开了。

在双代号网络图的绘制过程中灵活有效地使用虚箭线是十分重要的。一般先按照某个工序的紧前工序主动增设虚箭线，待网络图构成后，再删去不必要的虚箭线。

3. 双代号网络图的绘制

(1)基本规则。

1)一个网络图只允许有一个起始节点和一个终点节点。如图3.4所示，节点1和节点6分别为起始节点和终点节点，节点1只有外向箭线而没有内向箭线；节点6只有内向箭线，而没有外向箭线。如果出现多个起始节点或终点节点，则可采用增加虚箭线或将节点合并的方法解决。

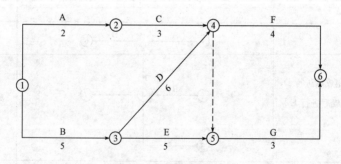

图3.4 双代号网络图

2)一对节点之间只允许有一条箭线。在双代号网络图中，两个节点表示一项唯一的工序，如果一对节点之间有两条以上箭线同时存在，则无法分清这两个节点分别代表哪一项工序(图3.5)。在这种情况下，正确的表示方法是引入虚箭线(图3.6)。

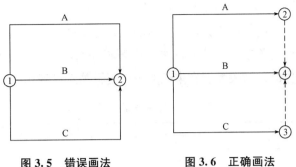

图 3.5　错误画法　　　　图 3.6　正确画法

3)网络计划图中不允许出现循环线路。在网络计划图中,如果从一节点出发沿某一条线路又能回到原出发的节点,则此线路为错误线路(图3.7)。①→②→③→④→①就是一条闭合回路,它表示逻辑上的矛盾,工序 A、B、C、D 的每项都无法开始,也无法结束,正确画法如图 3.8 所示。

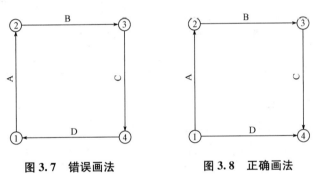

图 3.7　错误画法　　　　图 3.8　正确画法

4)在网络计划图中不允许出现线段、双向箭头,并应避免使用反向箭线,如图 3.9 所示。

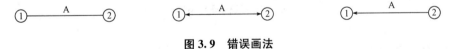

图 3.9　错误画法

网络计划图的箭头方向即为施工前进方向,不能出现错画和漏画箭头的情况。箭线所表示的是工序需占用的时间,不能使用反向箭线,因为时间是不可逆的,否则会造成循环回路。

5)网络计划图的布局应合理,应尽量避免箭线交叉。在网络计划图中,箭线的交叉一般可以通过整理网络图来避免,当箭线的交叉不可避免时,可采用"暗桥""断线"等方法加以处理。

(2)双代号网络图的绘制过程。

1)分解工程任务。首先应清晰地显示出整个计划的内容,将一个工程项目根据要求分解成若干个单项工作。

在本任务中,桥梁施工过程分解为:施工准备(A)、1♯桥台基础(B)、2♯桥台基础(C)、1♯桥台(D)、2♯桥台(E)、1♯桥台填土(F)、2♯桥台填土(G)、预制梁板(H)、运输梁板(I)、梁板安装(J)、桥面系施工(K)11 个工序。因为工序名称文字较多,因此,在绘制时分别以 A、B、C、D、E、F、G、H、I、J、K 来表示。

2)确定施工方法。不同的施工方法，先后的逻辑关系会有很大差别。

3)确定各单项工作的关系。双代号网络图中逻辑关系非常严谨，所以，在绘制网络图前，应确定各单项工作的逻辑关系。在本任务中，逻辑关系见表 3.2。

表 3.2 工序逻辑关系表

工序代号	A	B	C	D	E	F	G	H	I	J	K
紧前工序	—	A	A	B、E	C	D	E	A	H	F、G、I	J

4)确定单项工作的持续时间。确定持续时间与定额、施工的经验有关，这里与上一项目中，流水节拍的计算方法相同，持续时间表见表 3.3。

表 3.3 各施工任务持续时间表

工序代号	A	B	C	D	E	F	G	H	I	J	K
紧前工序	—	A	A	B、E	C	D	E	A	H	F、G、I	J
持续时间	20	20	21	12	12	10	10	30	7	7	15

5)绘制双代号网络计划草图。

①对于没有紧前工序的工序，使它们具有相同的开始节点。

在本任务中没有紧前工序的只有 A 工作，那么由开始节点绘出的也只有 A 一项工作(图 3.10)。

图 3.10 绘制双代号网络图步骤①

②当所绘制的工作只有一个紧前工作时，将该工作直接画在其紧前工作的结束节点之后。

a. 在本任务中，B、C、H 均只有一个紧前工作 A，因此，将 B、C 和 H 绘制在 A 的结束节点之后(图 3.11)。

b. E 工序也仅有一个紧前工序 C，因此将 E 绘制在 C 的结束节点之后(图 3.12)。

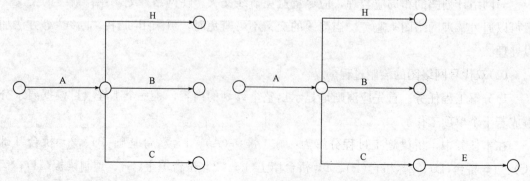

图 3.11 绘制双代号网络图步骤②a　　图 3.12 绘制双代号网络图步骤②b

③有多个紧前工作时，分以下几种情况：

a. 在紧前工作中，存在一项仅为本工作紧前工作的工作，直接画在该紧前工作结束节点之后；

b. D 的紧前工作有 B 和 E，而 B 仅作为 D 的紧前工作，因此，将工作 D 绘制在工作 B 的后面（图 3.13）；

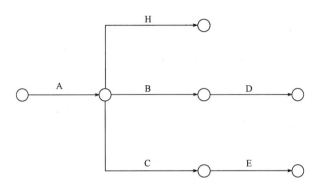

图 3.13　绘制双代号网络图步骤③a

c. 而工作 E 和工作 D 的关系则需要通过虚工作相连（图 3.14）；

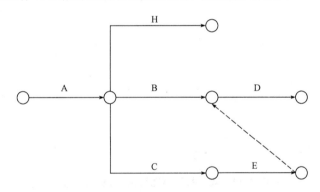

图 3.14　绘制双代号网络图步骤③b

d. 在紧前工作中，存在多项仅为本工作紧前工作的工作，先将这些紧前工作指向同一节点，再由这一节点指出；

e. 在紧前工作中，同时作为其他工作的紧前工作，先将完成节点合并，再从合并后的节点开始，画出本工作；

f. 没有以上情况，则将本工作画在紧前工作箭线之后的中部，然后用虚工作将紧前工作与本工作相连。

④没有紧后工作的工作，使它们具有相同的结束节点（图 3.15）。

依照上面各原则，绘制出剩余工作。

6）去掉多余虚工作，整理网络图（图 3.16）。

7）对节点编号（图 3.17）。

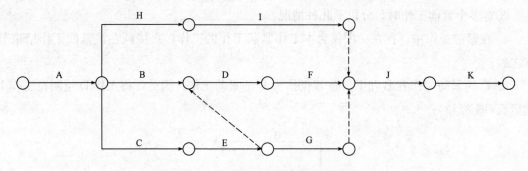

图 3.15 绘制双代号网络图步骤④

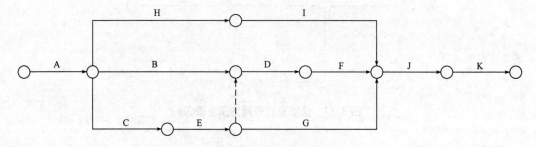

图 3.16 双代号网络图草图(去掉多余虚工作)

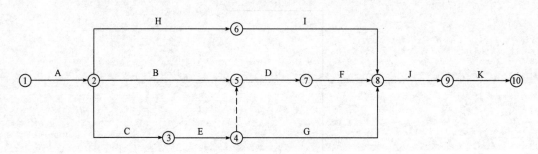

图 3.17 双代号网络图草图(对节点编号)

8)整理成图(图 3.18)。

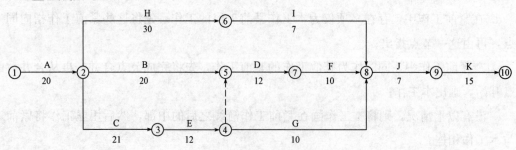

图 3.18 双代号网络图成图

(3)流水施工双代号网络图的绘制过程。在施工过程中,由于桥梁工程在施工中的方式方法可能会存在相同或相似之处,所以也可以按照实际情况组织流水施工,流水施工的特点是每一道工序都有两个紧前工序，在绘制时有一定的技巧。下面将介绍流水施工双代号网络图的绘制过程。

由于桥梁施工工序繁多，这里仅以桥梁承台墩身的施工为例进行介绍。承台墩身的施工按实际可分为测量放样（A）、安装模板（B）、钢筋绑扎（C）、分层浇筑混凝土（D）四个工序。施工的持续时间分别为 8 d、5 d、10 d、4 d，同时有四个相同的承台墩身组织流水施工。为方便绘图，测量放样（A）在四个承台上的施工分别记为：A_1、A_2、A_3、A_4，其他工序以此类推。

在绘制流水施工进度图时，注意工序数和施工段数，一般按横行工序，竖行施工段进行绘制。

1）第一行绘制时，对第一施工段有 n 个工序，就有 n 个实工作，没有虚工作，用实箭线表示。本例中有四个工序，则第一行有四个实工作，如图 3.19 所示。

图 3.19　绘制流水施工双代号网络图步骤 1）

2）中间绘制时，有 n 个实工作，就有 n 个实箭线，$(n-1)$ 个虚工作，虚实相间，如图 3.20 所示。

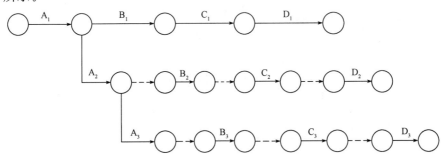

图 3.20　绘制流水施工双代号网络图步骤 2）

3）最后一行绘制时，有 n 个实工作，就有 n 个实箭线，没有虚箭线，如图 3.21 所示。

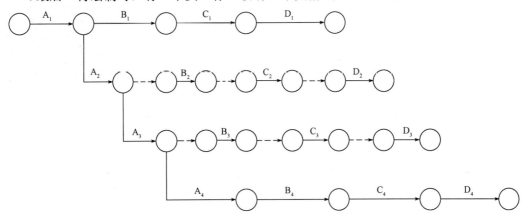

图 3.21　绘制流水施工双代号网络图步骤 3）

4)纵向有逻辑关系的,用虚箭线相连,如图 3.22 所示。

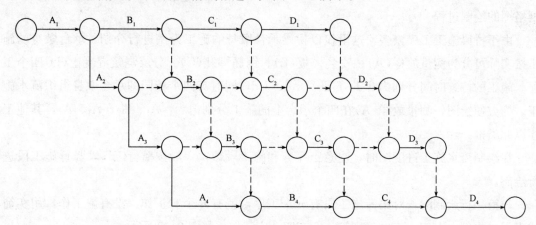

图 3.22　绘制流水施工双代号网络图步骤 4)

5)检查网络图,进行整理,去掉多余虚工作,完成网络图,如图 3.23 所示。

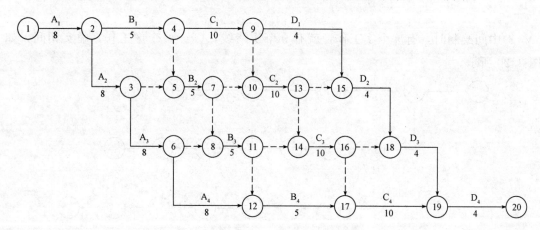

图 3.23　绘制流水施工双代号网络图步骤 5)

绘制双代号网络图

学生工作页

学习目标

1. 理解双代号网络图的绘制规则；
2. 能根据工作间逻辑关系绘制双代号网络图。

学习过程

一、判断以下是否正确，错误的请在右侧修改

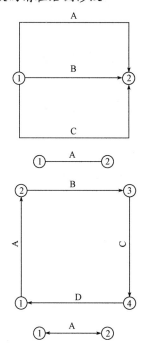

二、请给以下双代号网络图编号

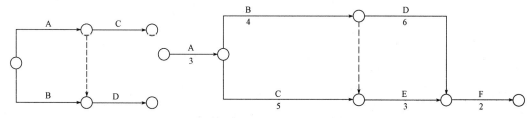

三、请根据以下工作间逻辑关系，绘制双代号网络图

工作	A	B	C	D	E	F	G	H
紧前工作	—	A	A	B、C	B	D	D、E	F、G

· 133 ·

子任务二 计算双代号网络图时间参数

计算网络计划时间参数是确定计划工期的依据,是确定机动时间和关键线路的基础,也是进行网络计划的调整与时间、资源、费用优化的前提。时间参数计算方法包括图算法、表算法、电算法等,在此只介绍图算法。计算时,网络计划的时间参数计算统一假定工作的持续时间是已知的,工作的开始时间与结束时间都以时间单位的终了时刻为计算标准。

一、工作时间参数计算

工作时间参数包括最早可能开始时间(ES)、最早可能结束时间(EF)、最迟必须结束时间(LF)、最迟必须开始时间(LS)。下面以上一网络图为例进行计算。

1. 工作的最早可能开始时间(ES)

工作的最早可能开始时间是指一项工作在具备一定的开工条件后,可以开始工作的最早时间。

最早开始时间从起点开始计算,沿箭线方向逐项工作依次计算到终点。计算时约定与起点节点相连的工作的最早可能开始时间 $ES=0$,其他工作的最早可能开始时间是所有紧前工作的最早可能结束时间的最大值:

$$ES_{ij} = \max\{ES_{hi} + t_{hi}\} \tag{3.1}$$

式中 ES_{hi}——紧前工作最早可能开始时间;
   t_{hi}——紧前工作持续时间。

本任务中计算如图 3.24 所示。

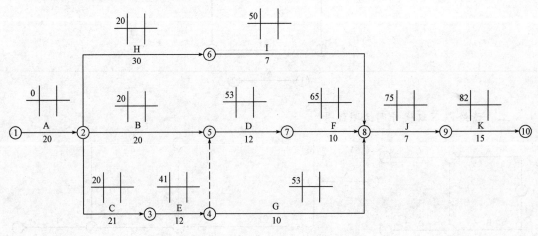

图 3.24 计算最早可能开始时间

2. 工作的最早可能结束时间(EF)

工作的最早可能结束时间是该工作最早可能开始时间与其工作持续时间之和:

$$EF_{ij} = ES_{ij} + t_{ij} \qquad (3.2)$$

在本任务中工作最早可能结束时间的计算如图 3.25 所示。

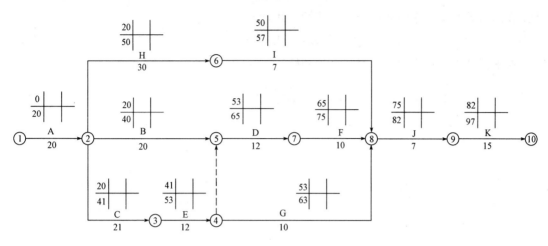

图 3.25 计算最早可能结束时间

计算工期为 97 d。

3. 工作的最迟必须结束时间(LF)

工作的最迟必须结束时间是指一项工作在不影响工程按总工期结束的条件下，最迟必须结束的时间，它必须在紧后工作开始前完成。

在计算时，从终点节点开始逆箭线方向至起点节点止，与终点节点相连的各工作的最迟必须结束时间一般就是计划工期，若另有规定就取规定工期，其他工作的最迟必须结束时间是紧后各工作的最迟必须结束时间分别与相应工作的持续时间之差的最小值：

$$LF_{hi} = \min\{LF_{ij} - t_{ij}\} \qquad (3.3)$$

在本任务中，各工作的最迟必须结束时间计算如图 3.26 所示。

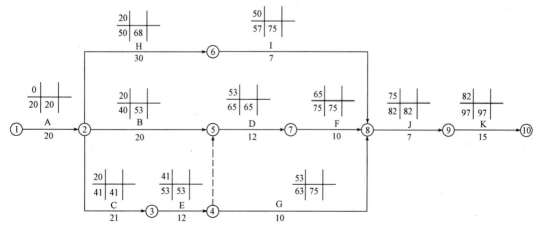

图 3.26 计算最迟必须完成时间

4. 工作的最迟必须开始时间(LS)

在正常情况下，工作最迟必须开始时间与工作最迟必须结束时间相对应，其计算公式为工作的最迟必须结束时间减去工作持续时间，即

$$LS_{ij} = LF_{ij} - t_{ij} \tag{3.4}$$

在本任务中，每个工作的最迟必须开始时间的计算如图 3.27 所示。

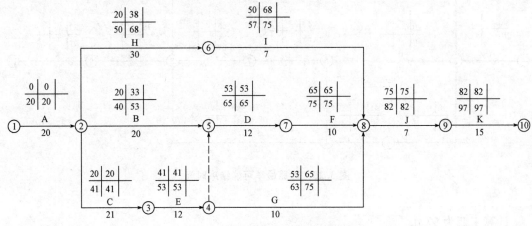

图 3.27 计算最迟必须开始时间

二、工作时差的计算

1. 总时差(TF)

工作的总时差是指在不影响任何一项紧后工作的最迟必须开始时间的条件下，本工作所拥有的最大机动时间。它是保证本工作以最迟完成时间完工的前提下，允许该工作推迟其最早开始时间或延长其持续时间的幅度。

$$TF_{ij} = LS_{ij} - ES_{ij} = LF_{ij} - EF_{ij} \tag{3.5}$$

在本任务中总时间差计算如图 3.28 所示。

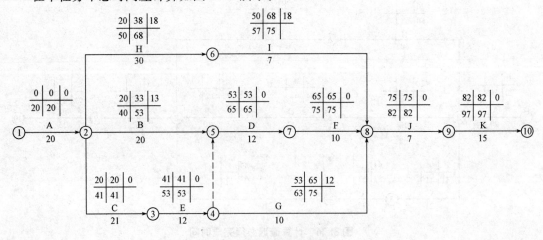

图 3.28 计算总时差

2. 自由时差(FF)

自由时差是指在不影响任何一项紧后工作的最早开始时间的前提下，本工作所拥有的最大机动时间。自由时差 FF_{ij} 是在不影响紧后工作按最早开始时间开工的前提下，允许该工作推迟其最早开始时间或延长其持续时间的幅度：

$$FF_{ij} = ES_{jk} - EF_{ij} \tag{3.6}$$

式中　FF_{ij}——$i-j$ 工作的自由时差；

ES_{jk}——紧后工作最早开始时间；

EF_{ij}——$i-j$ 工作最早完成时间。

在本任务中，自由时差的计算过程如图 3.29 所示。

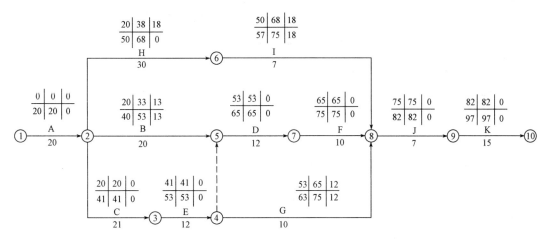

图 3.29　计算自由时间

小结：(1)计算时间参数，应按以下步骤进行：

1)计算最早可能开始时间、最早可能结束时间，从左向右进行，累加取最大值。

2)计算最迟必须完成时间、最迟必须开始时间，从右向左进行，递减取最小值。

3)计算总时差，从左向右进行，累加取最大值。

4)计算自由时差，从右向左进行，递减取最小值。

(2)有关总时差。

1)如果总时差等于 0，则其他时差均为 0。

2)总时差不但属于本工作，而且可以传递，为一条线路所共有。

3)总时差最小的工作为关键工作，关键工作组成的线路为关键线路。

4)总时差等于 0 说明本工作没有机动时间，总时差大于 0 说明本工作有机动时间，总时差小于 0 说明计划工期超过了上级规定工期，应进行调整。

(3)有关自由时差。

1)自由时差属于本工作，不能传递。

2)自由时差小于或等于总时差。

3)使用自由时差对紧后工作没有影响。

三、关键线路及其确定

计算网络图时间参数的目的是找出关键线路，从而使管理人员抓住主要矛盾，以便合理地调配人力和物资资源，避免盲目赶工，使工程按照计划安排有条不紊地进行。

线是指网络计划图中顺箭线方向由起点节点至终点节点的一系列节点箭线组成的通路，在一个网络计划图中，存在着一条或多条线路，一条线路中包含着若干项工作。

1. 线路长度

线路中包含的各项工作的持续时间之和就是这条线路的线路长度，也就是线路的总持续时间。

2. 关键线路

网络图的各条线路所包含的工作是不相同的，因此，各条线路的线路长度也是不相同的，把线路长度最长的线路称为关键线路。在本任务中，①②③④⑤⑦⑧⑨⑩为关键线路。

在关键线路中，没有任何机动时间，线路上任何工作的持续时间发生变化都会影响到工期，关键线路是按期完成计划任务的关键。

3. 关键工作

关键线路上的各项工作都是关键工作，关键工作的总时差为0。本任务中，A、C、D、E、F、J、K均为关键工作。

4. 非关键线路

在网络图中除关键线路外的线路都是非关键线路，在非关键线路上都存在着时差。非关键线路所包含的若干项工作并非全部是非关键工作，其中存在时差的工作是非关键工作。在任何线路中，只要有一个非关键工作存在，它的总长度就会小于关键线路，它就是非关键线路。

5. 关键线路的确定

确定关键线路的方法很多，如线路枚举法、关键工作法。

(1)线路枚举法。在网络计划图中，找出其包含的所有线路，并计算出线路长度，通过最长的线路找出关键线路。

(2)关键工作法。依次连接网络图中总时差为零的工作，使其组成一条由起点节点到终点节点的通路，此通路就是关键线路。

6. 关键线路的特性

(1)在一个网络图中，关键线路不一定只有一条，有时可能有多条。

(2)关键线路上各工作的总时差均为0，自由时差也为0。

(3)关键线路与非关键线路并不是固定不变的，当非关键线路的总时差用完，就会转化为关键线路；当非关键线路延长的时间超过线路总时差时，线路就会转变为非关键线路。

双代号网络图
时间参数的计算

学生工作页

学习目标

1. 能理解双代号网络图时间参数的意义；
2. 能根据双代号网络图计算六个工作时间参数。

学习过程

一、填写以下内容

(1)在工程网络计划中，某工作的最迟完成时间应为_____。

(2)网络计划中的虚工作既_____，也_____。

(3)在工程网络计划中，如果某项工作拖延时间超过自由时差，则必影响_____。

(4)关键线路上的工作称为_____，关键线路上的总时差均为_____，关键线路上的自由时差为_____。

(5)某工作的最早开始时间为第 10 d，最早完成时间为第 20 d，工作总时差为 7 d，自由时差为 4 d，在不影响总工期的前提下，该工作最迟开始时间为第_____ d。

(6)双代号网络计划中的节点表示工作的_____。

二、请根据以下逻辑关系，绘制双代号网络图，并计算时间参数

工作	A	B	C	D	E	F	G	H	I
紧后工作	B	D	E	F	H	H	I	I	—
时间	2	2	3	4	5	3	2	2	4

子任务三　绘制双代号时标网络图

一、时标坐标网络计划

前面介绍的非时标网络计划图不带时间坐标，工作的作业时间由箭线下方标注的时间进行说明，各项工作的作业持续时间均与箭线的长短无关。使用这种网络计划图时，如果工作顺序、相互关系及持续时间变动时，改变原计划很方便，但不能直接从网络图上看出工作的最早开始时间和最早完成时间，以及工作的最迟必须开始时间和最迟必须完成时间。

为了克服非时标网络计划的不足，产生了双代号时间坐标网络计划，简称时标网络计划，其是网络计划的另一种表示形式。它是在一般网络计划图的上方或下方增加一个时间坐标，箭线的长短即表示该工作持续时间的长短。它能够表达工程各项工作之间恰当的时间关系，使网络计划图易于理解，但修改起来比较麻烦。

二、时间坐标网络计划的适用情况

时间坐标网络图比较接近横道图，它吸取了横道图直观易懂的优点。目前，时标网络图多应用于以下几种情况：

(1)工作项目较少，并且工艺过程简单的工程施工计划。使用时间坐标网络图编制这种工程施工计划时，能迅速地边绘、边算、边调整。

(2)在进行资源优化过程中，使用时标网络图进行逐日资源平衡调整最为方便。

(3)对于大型复杂的工程，可以先用时标网络图的形式绘制各分部分项工程的网络计划，然后再综合进来绘制比较简明的总网络计划，也可先编制一个总的施工网络计划，以后每隔一段时间，对即将施工的各分部分项工程绘制详细的时标网络图。时间间隔的长短要根据工程的性质，所需的详细程度由工程的复杂性决定。

(4)为了直观地表示每道工序的时间进程，可将已编好的网络计划再编制成时标网络计划。

三、时间坐标网络计划的特点

1. 优点

(1)时标网络图与横道图比较相近，能直观地反映整个网络计划的时间进程。

(2)在编制工作项目时，可迅速地一边绘图一边计算，并且可进行及时调整。

(3)可用于资源优化，采用时标网络图进行逐日资源平衡调整尤为方便。

(4)调整优化后的时间坐标网络计划，可直接作为进度计划下达给承包人使用。

2. 缺点

(1)在时标网络图上不能反映总时差，所以，在图上不能利用时差来进行优化。

(2)时标网络图箭线的长度反映了工作时间的长短。工期长,则箭线就长,图就长,从而给绘图和看图指导施工造成不便,因此,一般在指导分部分项工程施工时用得较多。

(3)时标网络计划的调整比较烦琐,当情况发生变化时,有时移动局部几项工作就可能牵动整个网络计划的改变。

(4)在画时标网络图前仍需编制双代号网络图,计划出最早或最迟时间,从而增加工作量。

四、绘制时标网络图

1. 计算节点参数

(1)节点最早开始时间(ET):是指从网络计划图的起始节点开始,沿着箭线到达下一个节点的某一时刻,它表示该节点紧前工作的全部完成,其后的紧后工作最早开始的时间。

计算时,如无规定,网络图的起点节点的最早开始时间应等于零,即 $ET_{(1)}=0$。其余节点的最早开始时间应顺着箭线依次进行计算,直至终点节点。如果有多条箭线汇集到某一个节点,则应对进入该节点的各条箭线分别进行计算,然后取其最大值作为该节点的最早开始时间。取最大值是因为以该节点为开始的各道工序,必须等它的紧前工序全部结束之后才能开始。用公式表示为

$$ET_{(i)}=\max\{ET_{(j)}+t_{(i,j)}\}(j=2,3,\cdots,n) \tag{3.7}$$

式中 $ET_{(i)}$——节点 i 的最早开始时间;

$ET_{(j)}$——节点 j 的最早开始时间;

$t_{(i,j)}$——工作 (i,j) 的持续时间;

n——网络计划图中终点节点的编号。

按式(3.7)计算得到终点节点的最早开始时间即是计划的总工期,即

$$ET_{(n)}=T \tag{3.8}$$

式中 T——计划总工期。

本任务中双代号网络图如图 3.30 所示。

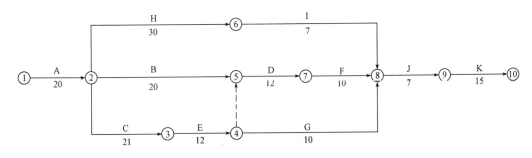

图 3.30 双代号网络图

节点最早开始时间计算如图 3.31 所示。

(2)节点最迟结束时间(LT):是指从网络计划图的终点节点开始,逆着箭线方向计算

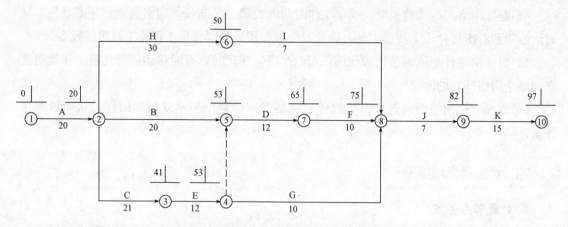

图 3.31 计算节点最早开始时间

出的以该节点为结束节点的各道工序最迟完成的某一时刻。

计算时，如无规定，网络图的终点节点的最迟结束时间应等于计划总工期，即

$$LT_{(n)} = T = ET_{(n)} \tag{3.9}$$

如另有规定，则应取规定的工期。如果有多条箭线从某一个节点出发，则应对从该节点出发的各条箭线分别进行计算，然后取其最小值作为该节点的最迟结束时间。取最小值是因为先行工序必须要保证其各后续工序最早开工的需要。用公式表示为

$$LT_{(i)} = \min\{LT_{(j)} - t_{(i,j)}\} \quad (i = n-1, n-2, \cdots, 2, 1) \tag{3.10}$$

式中　$LT_{(i)}$——节点 i 的最迟结束时间；

$LT_{(j)}$——节点 j 的最迟结束时间。

节点最迟结束时间计算如图 3.32 所示。

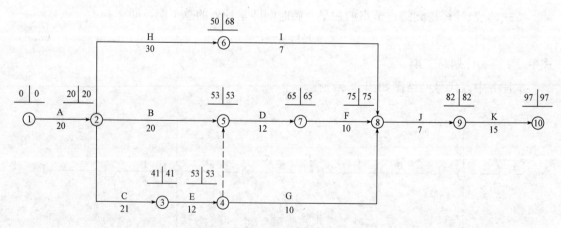

图 3.32 计算节点最迟结束时间

2. 关键线路及关键工作

在节点参数计算出来以后，可以确定关键线路及关键工作。需要注意的是，代表某工作的两个节点上的时间参数如果各自相等，并且箭尾节点时间参数加上工作持续时间等于

箭头节点时间参数，则该工作即为关键工作，该节点就在关键线路上。

在图3.32中，除节点6外，其余节点上两个参数都是相等的，但判别关键线及关键工作，还要在参数相等的基础上看箭尾节点时间参数与持续时间之和是否等于箭头节点时间参数。如工作B，与之相连接节点为2和5，同时，节点2和5的两个时间参数都分别各自相等，但节点2的时间参数20加上B工作的持续时间20，并不等于节点5的时间参数，所以可以判定，工作B不是关键工作。

采用此种方式进行判断，关键线路为①→②→③→④→⑤→⑦→⑧→⑨→⑩，关键工作为A、C、D、E、F、J、K。

3. 绘制时标网络图

时标网络计划图可以按节点最早开始时间或节点最迟结束时间绘制，这种时标网络计划图主要供计划管理人员分析计划和实施资源优化使用。

按节点的最早开始时间绘制本任务时标网络计划图。绘制横向时间坐标刻度。图3.33中所有节点的位置，应按节的最早可能开始时间标画在相应的时间坐标上。

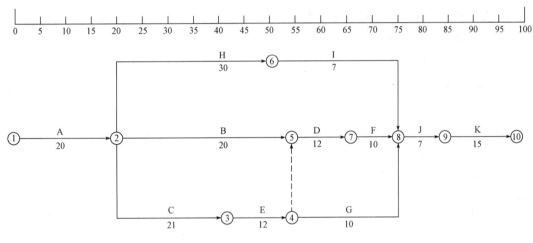

图 3.33　双代号时标网络图

双代号时标网络图

学生工作页

学习目标

1. 能理解时标网络图的意义；
2. 能绘制双代号时标网络图。

学习过程

一、填写以下内容

(1) 双代号时标网络图中，_____为关键线路。

(2) 在工程网络计划中，判别关键工作的条件是_____。

(3) 两关键节点之间的_____工作是关键工作。

二、请根据以下工作间逻辑关系，绘制双代号网络图

工作	A	B	C	D	E	F	G	H	I	J
紧后工作	B、C、D	F	F	I	G	H	J	J	J	—
持续时间/d	5	4	8	6	3	9	7	10	8	5

三、请根据以上双代号网络图，计算节点时间参数

四、请将上述双代号网络图改为时标网络图

子任务四 绘制单代号网络图

单代号网络图与双代号网络图相似,也是由许多节点和箭线组成的,但与双代号网络图不同的是单代号网络图的节点表示的是工序,而箭线仅表示各道工序之间的逻辑关系。单代号网络图与双代号网络图相比,具有工作之间的逻辑关系容易表示、没有虚工作、网络图便于检查和修改等优点,所以,单代号网络图在国内外得到了广泛的应用。

一、单代号网络图的组成

单代号网络图的基本组成要素有节点、箭线和代号。

(1)节点。节点是单代号网络图的主要符号,它可以用圆圈或方框表示。一个节点表示一项具体工作(工序、作业、活动或施工过程)。节点所表示的工序名称、持续时间和代号一般都标注在圆圈或方框内。计算所得的时间参数标注在节点的两侧,如图3.34所示。

图 3.34 单代号网络图节点

(2)箭线。在单代号网络图中,箭线表示紧邻工作之间的逻辑关系。箭线应画成水平直线、折线或斜线。单代号网络图中没有虚箭线,箭线的箭尾节点编号应小于箭头节点的编号。箭线水平投影的方向应自左向右,表达工作的前进方向,有关箭线前后节点(工序)之间的关系如图3.35所示。

(3)代号。在单代号网络图中,节点(工序)必须编号,此编号即该工作的代号。代号只能有一个,不得重号。代号用数字表示,箭尾节点的号码要小于箭头节点的号码,并且节点编号严禁重复,如图3.36所示。

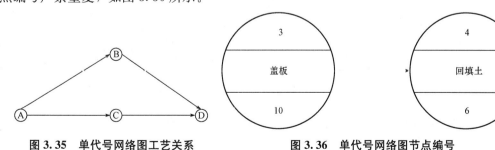

图 3.35 单代号网络图工艺关系　　　　图 3.36 单代号网络图节点编号

二、单代号网络计划图的绘图规则

同双代号网络图的绘制一样,绘制单代号网络计划图也必须遵循一定的绘图规则。当违背了这些规则时,就可能出现逻辑关系混乱,无法判别各工作之间的紧前和紧后关系,无法进行网络图的时间参数计算。

(1)当单代号网络图中有多项起点节点或多项终点节点时,应在网络图的两端分别增加一个虚拟的起点节点和终点节点。这也是单代号网络图所特有的规则,如图3.37所示。

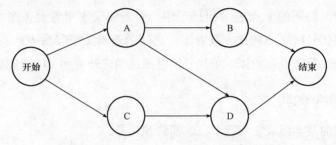

图3.37 单代号网络图虚拟起点节点及终点节点

(2)网络图中不允许出现循环回路。
(3)在绘制网络图时,应避免箭线交叉。当交叉不可避免时,可采用"暗桥法"或"断线法"。
(4)单代号网络图中不允许出现有重复编号的工作,任何一个编号只能表示一项工作。
(5)在网络图中除起点节点和终点节点外,不允许出现其他没有内向箭线的工作节点和没有外向箭线的工作节点。
(6)网络图中箭尾节点的编号应小于箭头节点的编号。

三、单代号网络图中工序之间逻辑关系的表示方法

由于单代号网络图中没有虚箭线,所以各道工序之间的逻辑关系表示方法比较简单,其逻辑关系仍然是根据施工工艺和施工顺序来确定。表3.4是用单代号网络图表示的工序之间的各种逻辑关系。

表3.4 工作逻辑关系表示方法

描述	图示
A工序完成后进行B工序	Ⓐ→Ⓑ
B、C工序完成后进行D工序	Ⓑ、Ⓒ→Ⓓ
B工序完成后,C、D工序可以同时开始	Ⓑ→Ⓒ、Ⓓ
A工序完成后,进行C工序, B工序完成后,可以同时进行C、D工序	Ⓐ→Ⓒ,Ⓑ→Ⓒ、Ⓓ

四、单代号网络图的绘制方法

单代号网络图的绘制步骤主要包括以下两部分：

(1)根据工程计划中各工序在工艺上、组织上的逻辑关系，列出工序一览表及各道工序的紧前工序、紧后工序名称。

(2)根据上述工序之间的逻辑关系绘制单代号网络图。这里包括：首先绘制草图，然后对一些不必要的交叉进行整理，绘出简化网络图，再对绘出的简化网络图进行整理并编号，其编号原则与双代号网络图相同。

在本任务中，桥梁施工过程分解为：施工准备(A)、1♯桥台基础(B)、2♯桥台基础(C)、1♯桥台(D)、2♯桥台(E)、1♯桥台填土(F)、2♯桥台填土(G)、预制梁板(H)、运输梁板(I)、梁板安装(J)、桥面系施工(K)11个工序。逻辑关系及持续时间见表3.5。

表3.5 工作关系表

工序代号	A	B	C	D	E	F	G	H	I	J	K
紧前工序	—	A	A	B、E	C	D	E	A	H	F、G、I	J
持续时间/d	20	20	21	12	12	10	10	30	7	7	15

依据单代号网络图的绘制原则及方法，得到单代号网络图如图3.38所示。

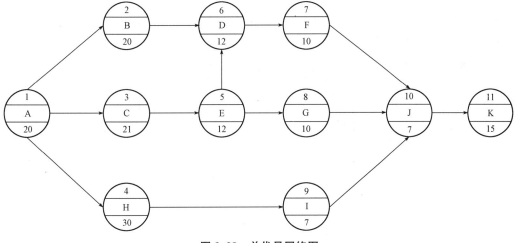

图3.38 单代号网络图

从单代号、双代号网络图的绘制可以看出，单代号网络图的绘制比双代号网络图简单，其各项工作之间的相互关系表示清楚；单代号网络图中不用虚工作，网络计划图便于检查、修改；单代号网络图中无节点时间参数，所以，单代号网络图不能标画成时标网络图。

单代号网络图

学生工作页

学习目标

1. 能理解单代号网络图的意义；
2. 能绘制单代号网络图。

学习过程

一、请将节点、工作、编号填入下面空白处

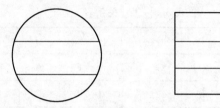

二、已知A、B、C、D四项工作，A和B同时开始，A的紧后工作为C和D，B的紧后工作为D，请将下图填写完整

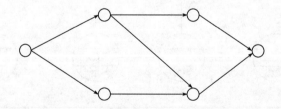

三、请根据以下工作逻辑关系，绘制单代号网络图

工作	A	B	C	D	E	F	G	H	I	J
紧后工作	B、C、D	F	F	I	G	H	J	J	J	—
持续时间/d	5	4	8	6	3	9	7	10	8	5

任务三　优化双代号网络图计划

网络计划的优化是指通过不断改善网络计划的初始方案，在满足给定网络计划的约束条件下，利用最优化原理，按照某一衡量指标(如时间、成本、资源等)来寻求一个最优的计划方案。

工期优化就是以缩短工期为目标，通过对初始网络计划的调整，压缩关键工作的持续时间，使关键线路的工期缩短，从而满足上级规定的工期要求。需要注意的是，在压缩关键线路的工期时，会使某些时差较小的非关键线路变为关键线路，这时需要再次压缩新的关键线路，直到达到规定工期为止。以图3.39中的双代号网络为例，介绍工期优化的步骤与方法。

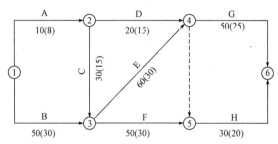

图3.39　双代号网络图原图

上级指令性工期为100 d，图3.39中括号内数据为工作的最短持续时间。优化步骤如下：

(1)计算并找出网络计划的关键线路及关键工作。用工作的正常持续时间计算节点的最早时间和最迟时间。找出网络计划的关键工作及关键线路，如图3.40所示。其中关键线路为①→③→④→⑥，关键工作为B、E、G。

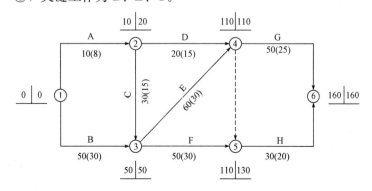

图3.40　计算节点时间参数

(2)计算需缩短的时间。根据所计算的工期和要求的工期，得出需要缩短时间为60天。

(3)确定各关键工作能缩短的持续时间。在选择需要缩短的工作时,需要考虑的因素有:对质量和安全影响不大;有充足备用资源;增加费用少。根据网络计划图中的数据,关键工作 B 可缩短 20 d,D 可缩短 30 d,F 可缩短 25 d,共计可缩短 75 d,但考虑前述的原则,因缩短工作 F 增加的劳动力较多,因此可缩短 10 d,重新计算网络计划工期如图 3.41 所示。其中关键线路为①→②→③→⑤→⑥,关键工作为 A、C、F、H。

(4)若计算工期仍超过要求工期,则重复以上步骤,直到满足工期要求或已不能再压缩关键线路为止。如图 3.41 所示,按上级要求工期仍需压缩 20 天。

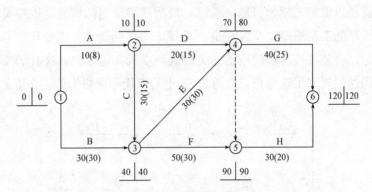

图 3.41 第一次压缩后双代号网络图及节点时间参数

根据前述原则,综合考虑后选择工作 C 和工作 F 较适宜,将持续时间压缩至最短时间,重新计算网络计划参数,如图 3.42 所示。经计算,关键线路为①→③→④→⑥,工期为 100 d,满足要求。

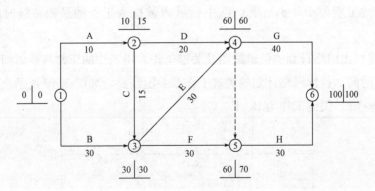

图 3.42 第二次压缩后双代号网络图及节点时间参数

在工期优化的过程中,若按上述的原则及方法仍无法压缩至要求工期,则需要调整技术方案和组织方法。

双代号网络图的工期优化

学生工作页

学习目标

1. 能理解工期优化的基本方法；
2. 能进行工期优化。

学习过程

一、请回答以下几个问题

(1)某工程网络计划中，C工作的总时差为6 d，自由时差为5 d，在检查实际进度时，发现该工作的持续时间延长了8 d，则说明此时C工作的实际进度将使其紧后工作的最早开始时间推迟_____，并使总工期推迟_____。

(2)在网络计划的优化过程中，优先选择应缩短时间的关键工作时(　　)。

A. 选择备用资源充足的工作

B. 选择缩短持续时间资源增加量最小的工作

C. 选择缩短持续时间费用增加最少的工作

(3)某项工作C有两项紧后工作D和E，D的最迟完成时间是20 d、持续时间是7 d，E的最迟完成时间是15 d、持续时间是10 d，则工作C的最迟完成时间是_____。

二、请根据以下工作间逻辑关系绘制双代号网络图

工作	A	B	C	D	E	F	G	H
紧前工作	—	—	A	A	B、C	B、C	D、E	D、E、F
持续时间/d	5(3)	6(4)	1	6(4)	4(3)	2(1)	8(6)	4(2)

三、请根据上面所绘制双代号网络图，计算时间参数，计算总工期

四、若要求工期15 d，请对此网络图进行优化

任务四 编制资源需要量计划

知识目标

1. 掌握劳动力需要量计划编制方法;
2. 掌握主要施工机具与设备的需要量计划编制方法;
3. 掌握主要材料计划表的编制方法。

能力目标

1. 能编制劳动力需要量计划表;
2. 能编制施工机具与设备需要量计划表;
3. 能编制主要材料需要量计划表。

资源需要量在施工组织设计中,需要结合施工方案和施工进度计划等综合编制,编制方法在上一个项目中已详细介绍,故在本项目中不再赘述。

一、劳动力需要量计划

依据劳动力需要量计算方法及劳动力计划表的编制方法,并结合本项目中工作任务,可得到劳动力需要量计划表,见表3.6。

表 3.6 劳动力需要量计划表

工种级别	挖孔	下部结构	现浇箱梁	桥面系	路基路面工程	附属工程
力工	40	30	30	30	30	20
模板工	5	30	25	20		10
振捣工	6	10	10	6		5
钢筋工	8	20	30	20		
架子工		10	15	10		10
机械工	10	10	10	10	20	10
瓦工			6	10		
合计	69	110	126	106	50	55

二、施工机具与设备需要量计划

主要机具、设备的供应计划反映了完成合同段的全部施工任务所需要的机种,以及各机种的需要量、规格型号、作业开始与结束时间和各机种作业的延续时间。它是机械化施工组织的基础，也是优化设备资源，协调、调度和安排机械作业的依据。主要设备机具的供应计划根据施工总进度计划制订。

按以上方法确定每一项施工任务的机种及各机种的作业量和每日需要台数，再逐月汇总各施工任务需要的相同机种及其每日需要台数，即可制订出整个合同段的主要机具、设备计划，见表3.7。

表3.7 施工机具与设备需要量计划表

序号	机械名称	单位	机械型号	数量	备注
1	平地机	台	徐工 GR300	2	
2	压路机	台	XS260	2	
3	摊铺机	台	ABG－425	2	
4	装载机	台	ZL50	4	
		台	成工 ZL50C	6	
5	挖掘机	台	CAT345	3	
		台	SY420C	6	
6	推土机	台	D155A－5	6	
7	汽车起重机	台	QY25H	4	
		台	QY70V	4	
8	架桥机	台	NF40/150	2	
9	龙门吊	台	HDJH40/150	3	
10	桩基钻孔设备	台		4	
11	注浆配套设备	台		6	
12	水泥混凝土搅拌站（带自动计量系统）	台	水泥储蓄罐(100 t)	6	
		台	TS750，75 m³/h	2	
13	混凝土输送泵车	台	三一奔驰	4	
14	预应力张拉设备	台	QYC2 500	6	
15	钢筋液压调直机	台	JEC10	3	
16	钢筋切断机	台	GQ40	3	
17	钢筋边箍机	台	先锋 16 A	3	
18	钢筋弯曲机	台	GW40	3	
19	混凝土搅拌运输车	台	东方天龙	4	
20	冲击式压路机	台	YCT	1	
21	塔式起重机	台	QTZ160	2	

续表

序号	机械名称	单位	机械型号	数量	备注
22	振捣器	台		15	
23	振捣梁	台		3	
24	液压压路机(带风镐)	台		7	
25	凿岩机	台		3	
26	强夯设备	台		2	
27	电焊机	台	BXI—160 C	30	
28	空压机	台	BJ—100 A	10	

三、材料需要量计划

材料需要量计划见表3.8。

表3.8 材料需要量计划表

序号	名称	规格、型号	单位	数量	备注
1	板方材		m^3	1 100	
2	波纹管		m	54 654	
3	定型钢模板		t	7 620	
4	钢绞线		t	640	
5	钢筋	Φ10 以内	t	210	
6	钢筋	Φ10 以外	t	3 305	
7	水泥	35.5	t	5 274	
8	水泥	42.5	t	749	
9	水泥	52.5	t	6 274	
10	砂		m^3	8 942	
11	混砂		m^3	13 611	
12	碎石	5 mm	m^3	2 545	
13	碎石	15 mm	m^3	24 779	
14	碎石	20 mm	m^3	9 106	
15	碎石	40 mm	m^3	3 021	
16	碎石	50 mm	m^3	6	

任务五　编制施工技术组织措施

> **知识目标**

1. 了解施工技术组织措施的基本含义；
2. 了解施工技术组织措施的分类；
3. 分析影响施工进度的主要因素；
4. 了解施工质量技术组织措施的重要性；
5. 分析影响施工质量的主要因素；
6. 了解施工安全技术组织措施的重要性；
7. 分析影响施工安全的主要因素；
8. 了解施工环境保护技术组织措施的重要性；
9. 描述施工环境保护技术组织措施的基本内容。

> **能力目标**

1. 能编制施工进度技术组织措施；
2. 能编制施工质量技术组织措施；
3. 能编制施工安全技术组织措施；
4. 能编制施工环境保护技术组织措施。

子任务一　编制施工进度技术组织措施

工程项目在施工过程中，施工人员的技术水平、思想重视程度、施工组织方式的不同，会影响到工程质量、进度、成本、安全等目标的实现。因此，在编制施工项目管理规划时，要设计相应的施工技术组织措施，来保证顺利实现各项目标。

施工技术组织措施就是指在技术、组织上为确保工程质量、安全、成本、工期、环保和季节性施工等目标的实现所采用的方法。施工技术组织措施的编制，能使业主全面了解承包人的现代化管理水平，增强对承包方完成项目的信心。因此，技术组织措施是工程项目施工组织设计必不可少的内容。

一、施工技术组织措施的作用

由于施工技术组织措施是施工组织设计内容的补充和延续，因此它的主要作用有以下几项：

(1)从施工组织管理角度看,它体现了对施工资源科学的组织与管理,是降低施工成本的保证。

(2)从施工技术角度看,它可使技术要求更深化、更具体,从而保证工程质量和施工安全。

(3)施工技术组织措施得力,能加速施工进度、保证合同工期。

(4)编制施工技术组织措施,能使参加项目的全体施工人员的施工行为标准化、程序化、规范化。

(5)它可以明确项目各个层次人员的岗位责任,能够使项目领导、管理人员及生产一线职工有明确的目标。

(6)它能够更好地落实施工组织设计的要求,使项目全体员工按照施工组织设计的要求进行施工,保证项目始终按照施工组织设计的要求和规定进行。

二、影响施工进度的主要因素

为了对工程项目的施工进度进行有效的控制,必须在施工进度计划实施之前对影响工程项目施工进度的因素进行分析,进而提出保证施工进度计划的措施,以实现对工程项目施工进度的主动控制。

实际上,影响施工进度的因素很多。这些因素可归纳为人为因素、材料因素、技术因素、资金因素、工程水文地质因素、气象因素、环境因素、社会环境因素以及其他难以预料的因素。本任务主要从施工承包单位的角度来考虑影响施工进度的因素,归纳起来有以下几个方面:

(1)项目经理部配置的管理人员不能满足施工需要,管理水平低、经验不足,致使工程组织混乱不能按预定进度计划完成。

(2)施工人员资质、资格、经验、水平及人数不能满足施工需要。

(3)施工组织设计不合理、施工进度计划不合理、施工方案采用不得当。

(4)施工工序安排不合理,不能解决工序之间在时间上的先后和搭接问题,达不到保证质量,充分利用空间、争取时间,实现合理安排工期的目的。

(5)不能根据施工现场情况及时调配劳动力和施工机具。

(6)施工用机械设备配置不合理,不能满足施工需要。

(7)施工用供水、供电设施及施工用机械设备出现故障。

(8)材料供应不及时,材料的数量、型号及技术参数错误,供货质量不合格。

(9)总承包人协调各分包人能力不足,相互配合工作不及时、不到位。

(10)承包人与分包人、材料供应商及其他协作单位发生合同纠纷、引起仲裁或诉讼。

(11)承包人(分包人)的自有资金不足或资金安排不合理,无法支付相关应付费用。

(12)安全事故、质量事故的调查、处理。

(13)关键材料、设备、机具被盗和破坏。

(14)施工现场管理不善出现瘟疫、传染病及施工人员食物中毒。

(15)承包人(分包人)由于管理机构调整、股权调整、人员调整、资产重组等原因无法按相关合同履约。

三、施工进度技术组织措施内容

(1)进行施工进度控制及动态管理。利用网络计划编制施工进度,优化施工安排,确定关键线路及关键工作。充分利用工程项目中各项工作间的关系,在互相不干扰的情况下,尽量同步安排多项工作进行立体交叉的平行流水作业。由于施工的时间和空间组织是在施工前预先进行的,因此,在施工过程中必须结合实际及时调整和优化网络计划。

(2)做好施工现场的组织与协调工作。对于现场出现的影响进度的情况,要通过加强调度协调解决;对于施工中对工期长短影响大的重点工程,要优先保证物资和设备的供应,加强施工管理和控制。

(3)施工进度管理的岗位责任制及管理制度。为保证和加快施工进度,建立目标管理制度,各阶段进度目标须具体落实到人,明确职责,实行严格奖惩考核;实行技术保证制度,严格执行技术交底制度,保证施工人员在施工前明确各项工程及各道工序的结构、质量要求、施工要领等,尽量避免误工、返工等现象出现。

(4)项目各职能部门的保障工作。

(5)与施工进度有直接关系的协调控制。

四、本项目的施工进度技术组织措施

1. 保证工期组织措施

(1)成立精干的项目部,实行项目经理负责制,项目部内设置强有力的工程管理系统,实施工程的全面管理。

(2)根据工程情况和工期要求,进场施工的各工程队,强化一线组织领导和指挥。项目部建立工期岗位责任制,确保实施性施工组织设计的实现;发扬光荣传统和作风,群策群力开展好目标管理;制订详细而又科学合理的施工作业计划,保持均衡生产,全面实现计划目标。

(3)全局"一盘棋",在人、财、物上确保本工程的施工需要。常备可机动的现代化大型路面施工机械设备,可根据工程进展情况,适时组织进场施工。

(4)加强工程调度指挥,做到一切行动听指挥,步调一致,齐抓共管。

(5)保证工期劳动管理措施。

1)加强用工的计划性,根据工程量、工期、工作面的可能性,实现定额用工。

2)加强劳动定额管理,确保定额水平的完成。

3)关键工程要特别加强组织指挥工作,做到各工序的连续施工。

4)领导跟班作业,及时发现并解决问题。

5)发扬艰苦奋斗的作风,节假日照常进行施工。如需要夜间施工,应搞好照明设施,保证夜间正常施工。

2. 保证工期技术措施

建立高效的调度指挥系统,全面、及时地掌握并迅速、准确地处理施工中的问题。对工程交叉和施工干扰应加强指挥与协调,对重大关系问题要超前研究,制订措施,及时调整工序和调动人、财、物、机,保证工程的连续性和均衡性。经理部每月至少开两次生产计划调度会,落实年、月、旬施工生产计划,解决生产中各个基层单位提出的具体问题。

(1)优化施工组织设计,做到科学施工;信息反馈及时,适时调整和优化施工计划,确保工序按时或提前完成。

(2)组织好流水化、程序化的施工作业,保证一环紧扣一环的施工程序。

(3)发挥技术管理的保障作用,细审核、严交底、勤检查、抓落实。当遇到难度较大或一时解决不了的技术问题,积极会同设计、监理部门共同研究解决方案。

(4)专业技术工作者,要深入一线跟班作业,及时搞好技术交底,并做到发现问题及时解决。

(5)加强项目总工程师技术岗位责任制,对技术负责并行使技术否决权。确保技术可靠、工艺先进、工序合理,从而保证施工的顺利进行。

(6)技术人员要认真审核设计文件,随时深入现场,根据实际情况,积极提出合理的变更设计方案,配合设计单位搞好设计变更,以节约投资,缩短工期。

3. 保证工期物资保障措施

(1)加强物资采购人员的选配。

(2)材料计划要超前提出,并按施工计划安排,确保按时就位。

(3)超前调查和预测市场供应情况,特别是季节性施工要做好材料的适当准备。

(4)严把材料质量关,杜绝劣质材料进场。

4. 保证工期设备保障措施

(1)设备管理人员,要选配技术素质好、事业心和责任感强的员工担任。

(2)加强设备的维修与保养,确保完好率和出勤率。

(3)加强现场和工作面设备的调度调整工作。

(4)根据工程进度,需购置新设备时,应超前考虑,超前订货,做到随用随上,不误时间。

5. 处理好各种外部关系,争取一个良好的施工环境

(1)与建设、设计、监理以及当地政府、群众密切联系,理顺关系,搞好团结和友谊,并依靠建设单位,加强密切协作配合,创造良好的外部环境,一条路一条心,确保施工顺利进行。

(2)发扬团结合作的精神,与相邻标段的施工单位密切协作,共同努力,服从甲方协调,与本工程相关单位密切合作与配合。

子任务二 编制施工质量技术组织措施

公路工程建设是一个复杂、庞大的系统工程，质量是工程建设中的关键所在，任何环节部位出问题，都会给工程建设带来严重的后果，甚至造成巨大的经济损失。所以，公路工程建设必须遵循"百年大计，质量第一"的建设方针，进行"全方位、全过程、全员"的施工质量控制，提高施工过程中全体人员的质量意识，加强和保证施工质量。

一、影响工程质量的主要因素

影响工程质量的因素贯穿整个施工过程，归纳起来主要有五个方面，即人(Man)、材料(Material)、机械(Machine)、方法(Method)和环境(Environment)，简称4M1E因素。

(1)人员素质。人是生产经营活动的主体，也是工程项目建设的决策者、管理者和操作者。人员的素质将直接或间接地对规划、决策、勘察、设计和施工的质量产生影响。因此，建筑行业实行经营资质管理和各类专业从业人员持证上岗制度是保证人员素质的重要管理措施。

(2)工程材料。工程材料的选用是否合理、产品是否合格、材质是否经过检验、保管使用是否得当等，都将直接影响建设工程的结构刚度和强度，影响工程外表及观感，影响工程的使用功能和使用安全。

(3)机械设备。机械设备对工程质量也有重要的影响，其产品质量优劣将直接影响工程使用功能质量。施工机械设备的类型是否符合工程施工特点、性能是否先进稳定、操作是否方便安全等，都会影响工程项目的质量。

(4)施工方法。在工程施工中，施工方案是否合理，施工工艺是否先进，施工操作是否正确，都将对工程质量产生重大的影响。大力推进采用新技术、新工艺、新方法，不断提高工艺技术水平，是保证工程质量稳定提高的重要因素。

(5)环境条件。环境条件往往对工程质量产生特定的影响。加强环境管理，改进作业条件，把握好技术环境，辅以必要的措施，是控制环境对质量影响的重要保证。所以工程项目施工前，要对影响工程质量的环境采取针对性的有效措施，确保工程质量。

工程项目的施工工期比较长，一般是跨年度施工，因此水文环境条件对工程质量的影响也很大，例如，雨期施工混凝土工程就要提防雨淋、土方施工要提防饱和土影响压实工作以及洪水的侵袭，冬期施工要注意温度对材料的强度影响等因素。在编制施工质量技术组织内容时，必须考虑冬、夏两季的质量保证措施。

二、施工质量技术组织措施的主要内容

(1)建立和完善质量保证体系，落实质量管理组织机构，明确质量责任。

(2)建立项目质量监控流程。

(3)实行各项质量管理制度及岗位责任制。

(4)设立重点、难点及技术复杂的分部分项工程的质量控制点,并制订控制措施。

(5)制订对技术复杂、易出质量问题的部位采取的施工措施。

(6)编写工序作业指导书。

三、本项目施工质量技术组织措施

1. 质量目标

本工程将按照项目法管理模式组织建立直线式管理组织机构。推行项目经理负责制。为确保工程的施工质量,负责工程施工的项目经理部将组建质量管理体系和质量监察体系。

2. 质量保证组织措施

成立全面质量管理委员会,第一管理者管生产同时必须管质量,配齐专职质检工程师和质检员,制定相应的质量管理目标及岗位责任制,卓有成效地进行全面质量管理和目标责任管理,从组织措施上使创优计划真正落到实处。

3. 保证工程质量的主要技术措施

(1)施工前有针对性地对各专业工种进行技术培训,制定各工序标准化作业细则,提高施工人员的整体技术水平,特别对使用新型设备的人员要确保培训质量,为创建优质工程创造条件。

(2)认真执行设计图纸审核制度,并做好施工技术交底,使现场领工员及每一位施工人员做到心中有数,严格按技术要求施工,保证设计意图的实现。

(3)施工前后自始至终要对建筑物测量的中线、高程严格执行双检制,各种测量资料收集要及时、齐全,保证资料均从现场取得。

(4)在施工中充分发挥专职、兼职质量检查人员的作用,对各工序进行全面自检,特别是隐蔽工程,必须在监理人员检查、签证后方可进行下道工序施工,使工程每一个环节的质量均得到保证。

(5)在施工中要充分调动工人的积极性,对施工人员根据工作质量的优劣进行奖罚,促使各作业人员都把质量放在首位,使工程质量水平不断提高。

(6)抓好关键工序作业。

1)混凝土必须按照配合比进行施工,同时在拌和、振捣、养护等各环节上加强控制,勤于检查,使混凝土的质量达到内实外美的标准。

2)施工中的基础施工,应坚持隐蔽工程检查等检查制度,对基底高程、基底承载力等关键指标进行严格把关。对工程中的结构受力钢筋按照规范要求进行焊接试验,以确保结构的安全。

4. 材料采购的质量保证措施

原材料采购前制订采购计划。采购计划按技术部门提供的施工进度计划、施工图纸和材料技术要求编制。

工程材料和设施的采购文件包括以下内容：

(1)项目名称、工程使用部位、规格、数量、时间及价格要求；

(2)施工合同规定的标准要求；

(3)工程标准及技术规范的要求；

(4)运输和交货条件；

(5)质量鉴定和检查方法。

按采购计划制定书面的采购订货单，选择平价合格的供应商，预定交货地点和日期。

5. 施工工艺保证措施

(1)隐蔽工程的施工方案和施工工艺都必须报建设单位审批后，方可据以施工。

(2)对桥台两侧的填筑，应选用合格填料。填筑时要两侧对称进行，小型机具夯实，并加强质量检测工作。

(3)严格按建筑尺寸放样施工，并根据施工进度及时量测和复测。材料必须符合质量标准，砂浆及混凝土要严格按施工配合比计量拌和，并广泛采用新技术、新工艺。

(4)桥身采用定型钢模，对于立模、振捣、拆模等主要环节，应搜集数据进行分析，不断改进工艺，保证混凝土内实外光，强度达到设计要求。重复使用的模板要清理整修，始终保持原状。

(5)严格执行高强度等级混凝土操作细则，实行责任挂牌制，并设专门技术人员和质量检查人员负责指导和质量监督。

(6)认真做好检查凭证的签字工作，施工过程中的系统检查、签证工作是工程质量的保证。签证前要认真进行自检，合格后填写检查证并报请监理工程师签证。

6. 工程质量保证措施

结合质量体系认证和程序文件，在施工过程中，把责任落实到人，建立"横向到边，纵向到底，控制有效"的质量自检体系，严格执行"三检"（自检、互检、交接检）制度。

(1)工程试验质量保证措施。

1)我公司中心试验室负责本项目试验的指导工作。根据施工进度超前进行材料和半成品试验，跟踪进行实体试验、成品监测，发现不合格品立即通报上级和监理工程师。

2)建立健全试验责任制，编制详细的试验工作计划，严格按照规范对试验的项目、抽样组数、频次和要求保质保量进行工作，确保工程材料、混凝土结构等均在有效的监控下，施工质量能得到充分保证。配足先进的试验仪器，满足试验工作需要。工程材料要把好进料质量关，以保证工程质量。

工程用的钢材均进行拉伸、冷弯、常温冲击和低温冲击等多项指标抽样检验，只有当上述指标均满足相应要求时，才能用于施工。

混凝土试验保证施工质量要点：对商品混凝土进行跟踪试验，确保混凝土质量满足设计和规范要求，从而确保工程质量。

(2)桥梁混凝土质量保证措施。本合同段混凝土由混凝土搅拌站提供，考虑施工工期紧张，初期使用商品混凝土。

1)原材料保证措施。本合同段混凝土由混凝土搅拌站提供，所有原材料必须有试验检验证书，外加剂、掺合料使用符合国家标准。

2)配合比管理措施。根据不同的结构、不同部位、不同的强度等按设计规定分别进行设计配合比。配合比选定后，严格按照规范要求，制作试件试验，确保设计的配合比满足设计要求。

3)混凝土施工组织措施。成立以项目经理为组长的桥涵施工管理组，主要负责实施混凝土施工的组织管理工作，确保混凝土连续供应和按施工工艺组织施工，从而保证混凝土施工质量。

混凝土浇筑前，由项目总工程师组织人员进行技术交底，明确混凝土浇筑工艺、特点和施工注意事项等；项目经理负责组织搅拌站、砂石加工场的布设和施工机具、运输工具以及劳动力的安排；项目质检和技术部门专职负责相应部位的混凝土浇筑质量控制。

混凝土搅拌站配置专职试验人员，现场监督严格按照设计配合比进行。

实行承包责任制。项目经理部和作业班组、搅拌站、质量检查责任人均签订责任承包合同，制定奖优罚劣制度。

4)混凝土质量控制措施。为确保本工程结构混凝土质量，采取如下措施保证混凝土的运输及灌注质量：

①混凝土拌和及运输。

a.将混凝土搅拌站质量管理纳入本工程创优目标管理范围，搅拌站将根据混凝土的质量技术性能要求制订相应的控制措施。

b.搅拌站每次搅拌前，检查搅拌计量控制设备的技术状态，以保证按照施工配合比计量搅拌，试验室根据材料的变化状况和拌合料含水量及时调整施工配合比，确保混凝土的坍落度、和易性，并随时接受监理工程师的监督。

c.根据使用情况编排好拌和运输计划，确保在规定时间内准时运到，保证现场连续灌注。调配使用各种机械，以保证混凝土能够畅通无阻地运到工作面进行灌注。

②混凝土灌注。

a.分别制定混凝土及各类构造物混凝土灌注操作规程，制订设备、人员、小型机具及运输组织计划，由现场负责人组织实施。

b.每次浇筑前，模板刷脱模剂，变形模板不得使用。混凝土拌制严格控制用水量、水胶比及水泥用量，按试验配合比投料，外加剂、掺合料按试验用量和先后顺序投料，用量不得超过规范限值。

c.混凝土搅拌站运来的混凝土先经工地试验人员检查核实配料单是否符合配合比要求，坍落度是否满足要求。泌水、离析、拌和不均、坍落度损失超标准，以及超过允许运输时间的混凝土做废弃处理。

d. 在灌注过程中,全力组织好混凝土的运输供应,缩短灌注时间,以免出现施工冷缝。

(3)隐蔽工程质量保证措施。

1)隐蔽工程自检与专职检查相结合。施工班组在班中、下班前对当天隐蔽工程初始质量进行自检,对不符合质量要求的由质检工程师命令返工。

2)各工序工作完成后,由分管工序的技术负责人、质量检查人员组织工班长,按技术规范进行检验,凡不符合质量标准的,坚决返工处理,直到再次验收合格。

3)工序中间交接时,必须有明确的质量交接意见,每个班组的各工序都严格执行"三工序制度",即检查上道工序、做好本道工序、服务下道工序。

4)每道工序完成并经自检合格后,须邀请驻地监理工程师验收,并做好隐蔽工程验收记录和隐蔽工程检查签证。

5)所有隐蔽工程必须在获得监理工程师的签证后才允许进行下一道工序的施工,未经签证的工序不得进行下道工序的施工。

6)按要求整理各项隐蔽工程资料,并按文件、资料控制程序进行归档。在工序施工中,有严格的施工记录,隐蔽工程施工记录注明检查项目、检查方法、技术要求及检查验收部位等,签认栏由技术负责人及质量自检检查人员签名。监理工程师检查时,主动提供必需的仪器设备。

隐蔽工程检查程序如图 3.43 所示。

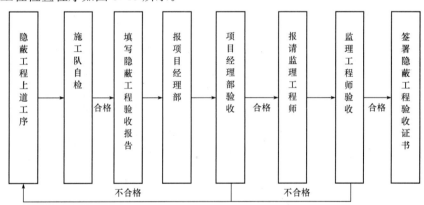

图 3.43 隐蔽工程检查程序

7)内部各级质检人员都要明确隐蔽工程检查项目和程序,实行逐级负责制度,为保证上述隐蔽工程质量,实行定岗制度,采取如下措施:

①经理部将结合工程实际,建立健全质量责任制机构,配齐所需资源,落实质量责任人。

②建立隐蔽工程台账和隐蔽部位一览表,到达隐蔽部位前预先通报、预先申请检查。

(4)路基施工质量保证措施。

1)路基工程在开工之前进行充分准备,其内容包括导线、中线的复测,水准点的复测与增设,横断面的测量与绘制等;并对施工范围内的地质、水文、障碍物、文物古迹及各种管线等情况进行详细调查;对图纸所示的挖方、借土场的路堤填料取有代表性的土样进行试验。

2)填方路堤整个施工期间,必须保证排水畅通,路堤基底及路堤每层施工完成后未经监理工程师检查合格,不得进行上一层的填土施工。

3)分几个作业段施工时,两个相邻段交接处不在同一时间填筑,则先填段按1∶1坡度分层留台阶,如两段同时施工,则分层相互交叠衔接,其搭接长度不小于2 m。

施工质量技术组织措施

子任务三　编制施工安全技术组织措施

施工安全技术组织措施是施工组织设计的重要组成部分,也是具体安排和指导工程安全施工的安全管理与技术文件。它能够针对每项工程在施工过程中可能发生事故隐患和安全问题的环节进行预测,从而在技术上和管理上采取措施,消除或控制施工过程中的不安全因素,防范事故的发生。制订施工安全技术组织措施应遵循"消除、预防、减少、隔离、个体保护"的原则。

一、安全控制的方针与目标

"安全第一,预防为主"是安全控制的方针。"安全第一"是指在施工生产中,要把施工人员的人身安全放在首位,人身安全有保障,安全施工生产才能得以进行。"预防为主"是指以一定措施进行安全控制,减少或消除事故隐患,是实现"安全生产"的重要手段,也是安全控制的主导思路。

安全控制以减少或消除不安全行为和设备、材料的不安全状态,改善生产环境和保护生态环境,实现安全管理为目标。总之,安全控制旨在减少或消除施工生产中的不安全因素,确保施工人员人身安全和施工场地财产安全。

二、影响施工安全的主要因素

1. 人为因素

(1)施工生产一线人员缺乏必要的安全生产知识及法律法规的学习、教育和培训。

(2)特种工操作人员未经过严格的专门培训,无证上岗。

(3)操作工人的身体健康状况不佳,操作不熟练。

2. 机械设备因素

有些施工机械设备年久失修或带"病"作业,加之施工中超负荷运转,加重设备的老化程度,很容易造成安全事故。

3. 材料因素

有些安全防护用品本身就存在一些安全隐患,如材质不合格、无合格证及检测报告等。

4. 方法因素

(1)安全防护用品的使用方法不正确,对建筑施工安全也有很大影响。

(2)安全管理方法简单或不正确,未建立健全各项安全生产规章制度及责任制,没有以制度管理人、约束人,没有明确处罚、处理的依据,很容易造成事故或隐患的扩大化。

5. 施工环境因素

在施工过程中,常常会遇到一些不利于施工的天气,如刮风、下雨等。如果此时进行施工就很不安全，尤其是高空作业更危险。

三、施工安全技术组织措施的内容

施工安全技术措施是针对每项工程的特点而制定的，编制安全技术措施的技术人员必须掌握工程概况、施工方法、施工环境、施工条件等第一手资料，并熟悉各项安全法规、标准，才能编写有针对性的安全技术措施。对大型工程，除必须在施工项目管理规划中编制施工安全技术总措施外，还应编制单位工程或分部分项工程安全技术措施，详细地制定出有关安全方面的防护要求和措施。所以，为确保该单位工程或分部分项工程的安全施工，可分为以下几个方面的内容措施：

(1)施工现场的布置应符合防火、防触电、防雷击等安全规定的要求，现场的生产生活用房、仓库、材料堆放场、修配间、停车场等临时设施，按监理工程师批准的总平面布置图进行统一部署。

(2)施工场区内的地坪、道路、仓库、加工场、水泥堆放场四周采用砂或碎石进行场地硬化，危险地悬挂警示灯或警告牌。在工作坑地点设防护围栏和明显的红灯警示，并在醒目的地方设置固定的大幅安全标语及各种安全操作规程牌。

(3)现场实行安全责任人负责制，具体制定各项安全施工规则，检查施工执行情况并对职工进行安全教育，组织有关人员学习安全防护知识，并进行安全作业考试，只允许考试合格的职工进入施工作业面作业。

(4)重视业主和设计人员提供的气象资料和水文资料，做好抗灾和防洪工作。按照监理要求做好每年的汛前检查工作，配置必要的防汛物资和器材，按要求做好汛情预报和安全度汛工作。若发现有可能危及人身、工程、财产安全的灾害预兆时，应采取切实可行的防灾害措施，确保人身、工程、财产的安全。

(5)定期举行安全会议，适时分析安全工作形势，由项目经理部成员、工区责任人和安全员参加并做好记录。

(6)加强安全检查，建立专门安全监督岗，实行安全生产承包责任制。在各自业务范围内，对应实现的安全生产负全责。遇有特别紧急的事故征兆时，应停止施工，采取措施确保人员、设备和工程结构安全。

(7)施工现场的生产、生活区按《中华人民共和国消防法》有关规定，配备一定数量常规的消防器材，明确消防责任人，并定期按要求进行防火安全检查，及时消除火灾隐患。

(8)住房、库棚、修理间等消防安全距离应符合《中华人民共和国消防法》有关规定，严禁在室内存放易燃、易爆、有毒等危险品。

(9)氧气瓶不得沾染油脂，乙炔瓶应安装防火安全装置，氧气瓶和乙炔瓶必须隔离存放，隔离存放的距离应符合有关安全规定的要求。

(10)现场工作人员应佩戴统一的安全帽，高空作业人员应系好安全带。

(11)施工现场临时用电应严格按《施工现场临时用电安全技术规范》(JGJ 46—2005)中有关的规定办理。

(12)施工现场和生活区应设置足够的照明,其照明度应不低于国家有关规定。夜间施工或特殊场所照明应充足、均匀,潮湿和易触及带电体场所的照明供电电压不应大于36 V。

四、预防事故的措施

(1)改进生产工艺,实现机械化、自动化施工。

(2)设置安全装置,包括防护装置、保险装置、信号装置和危险警示。

(3)安排预防性的机械强度试验和电气绝缘检验。

(4)进行机械设备的保养和有计划的检修。

(5)文明施工。

(6)正确使用劳动保护用品。

(7)强化民主管理,认真执行操作规程,普及安全技术知识教育。

五、本项目施工安全技术组织措施

1. 安全目标和安全防范的重点

(1)安全目标。本标段工程制定"三杜绝、一消灭、一确保"安全生产,实现"四无""两控制"为安全生产目标。"三杜绝、一消灭,一确保":即杜绝责任职工死亡事故;杜绝重大火灾、爆炸事故;杜绝锅炉与压力容器爆炸事故;消灭职工(含民工)重大伤亡事故;确保铁路运输安全畅通和人民生命财产不受损害。"四无":即无重大人身伤亡事故、无重大交通责任事故、无压力容器爆炸事故、无锅炉爆炸事故。"两控制":职工重伤频率控制在0.6‰以下,轻伤频率控制在1.2‰以下。

(2)安全防范的重点。根据本工程的施工特点,安全防范重点有以下几个方面:

1)防止机械伤害、触电事故;

2)注意运输交通安全,防止交通伤害事故;

3)桥梁工程防止高空坠落事故;

4)路基施工中交通安全事故。

2. 安全保证体系及说明

(1)安全生产管理机构设置。为实现本工程的安全目标,项目经理部成立安全生产管理领导小组,作为本标段的安全生产管理机构。由项目经理任组长,项目副经理和总工程师任副组长,安全检查室和工程技术室的负责人及各项目队负责人任组员。在项目经理部、各项目队设置专职安全检查员,专职负责施工期间的安全检查监督工作。

(2)安全保证体系说明。切实把确保行车安全放在首位,严格执行《中华人民共和国安全生产法》《建设工程安全管理细则》等关于施工安全文件的规定。按《招标文件》及业主有关要求,建立安全保证体系,健全施工安全责任制,在施工过程中落实各项安全措施,保证施工、人身、设备安全。

本标段安全保证体系主要由组织保证体系、施工保证体系和制度保证体系三部分组成。

1)组织保证体系：项目经理部安全领导小组对全标段建设项目安全负责，负责定期召开安全管理会议，检查督促各个施工段及项目队伍的安全管理措施的落实情况，处理安全管理中的问题。项目经理是整个施工标段安全管理工作的第一领导者和责任者，项目副经理是所分管区段的领导者和责任者，项目队长是本队施工项目的领导者和责任者，各级专职安全管理人员是本专业的责任者。为保证施工、人身、设备安全，我方配足了各级专职安全管理人员，层层负责，人人把关，建立本标段的安全组织机构，确立全员保安全的总体目标。

2)施工保证体系：主要从施工方案和技术措施方面做好施工安全的基础工作，针对本标段安全管理的难点和重点，制定出安全防范的措施，对重点部位关键环节，制定针对性的安全技术预案，超前控制，重点防范，在施工中进行监督和落实。保证日常工作及时发现问题、及时解决问题，将安全隐患提前消灭，从事故的源头方面加以控制。

3)制度保证体系：主要从实行安全岗位责任制和落实各项安全生产管理制度方面形成制度保证，建立健全以安全岗位责任制为重点的各项安全管理制度，遵循国务院有关劳动保护法律、法规和有关劳动保护条例。

(3)安全生产管理制度。为使安全保证体系能够顺利实施，针对在本标段的实际情况，制定以下安全生产管理制度：

1)安全奖罚制度。项目经理部每月召开一次安全总结大会，兑现安全责任状，对在安全生产中做出贡献及防止事故有功的人员进行奖励，对发现事故隐患的人员进行重奖，对造成事故的责任人进行处罚，并追究主管人员管理失职的连带责任。

2)安全教育制度。开工前，组织对项目施工人员及三员(安全员、防护员、爆破员)进行施工安全培训，持证上岗。

对新工人贯彻经理部、施工公司、班(组)三级安全教育，经培训、考核合格后方可从事施工作业。

3)持证上岗制度。参加本工程的全体干部职工，特别是三新人员都要进行全面施工生产安全教育，通过全面的培训后持证上岗，提高所有干部职工的安全意识，牢固树立"安全第一，预防为主"的管理观、操作观和目标观。

4)安全技术制度。在施工前，做好充分准备，及时向设备管理单位进行技术交底，特别是影响安全的工程和隐蔽工程，施工中，要严格执行技术标准、作业标准、工艺流程，确保施工质量。

各分项、分部工程开工前，要及时对操作职工进行全面的技术交底和施工安全防范交底，明确施工程序与施工时间，找出安全隐患，制定科学可行的施工安全防护保证措施，做到安全预控。要健全和落实好对挖方施工、脚手架施工、构配件吊装施工、模板吊装、拆卸施工、混凝土施工，以及各种设备操作、用电、防火等具有针对性的安全保证措施，使安全生产建立在科学的管理、先进的技术、可靠的防范基础上。

5)安全生产责任制度。结合本工程的特点,建立领导干部安全包保责任制和全员安全生产岗位责任制,明确责任,把安全生产落到每个人。落实到施工的前、中、后的各个环节中,对施工事故的易发、多发部位和环节,明确落实干部逐级包保责任制。

6)工地安全生产例会制度。项目经理部每周召开一次施工生产交班会,主持责任人为项目经理,重点总结前一周的安全生产情况和安排下一周的施工安全注意事项。每月召开一次安全生产现场分析会,推广先进经验,总结安全问题,查找安全隐患,提高安全管理水平。施工队每天召开一次施工生产交班会,主持人为施工生产队长,传达项目经理部有关会议精神和文件,分析查找当前存在的问题,并对次日的施工生产安全提出新要求。

为确保安全保证体系的有效运行,施工中将对以下对象的运行进行严格控制:施工现场的安全管理;施工现场的设施、设备安全状况;施工现场临时用电的安全管理;爆炸、火灾、危险品等隐患的安全管理。

3. 保证施工、人身、设备安全等措施

(1)桥梁工程施工保证施工、人身、设备安全措施。

1)桥涵基坑成型后,迅速进行后续工序的施工,尽量缩短基坑暴露时间。从基坑内挖出的土、石等物投放在距离坑边 2 m 以外,基坑边缘不得放置重物。在土质松软不稳定有坍塌危险的地段挖基坑时,必须设置安全边坡或采取防护措施。在铁路路肩和两线路之间开挖时,设专人防护,列车通过时停止作业并迅速撤离。

2)桥涵施工遇有高空作业和双层作业时,作业人员必须扎安全带、戴安全帽。施工用脚手架、安全网必须绑扎牢固,严格执行安全交底。脚手架高度小于等于 5 m 时设登高平台,梯外侧周边用护网围好并设两侧扶手。脚手架高度大于 8 m 时搭设外登高脚手架,搭建"之"字形人行道登高梯。

3)桥梁用发电机、油库等分别设置临时工作间。在风季施工时特别注意高空安全,配备劳动保护,戴好防风镜,系好安全带。六级及六级以上风力,禁止支拆模板和绑拆脚手架等高空作业。

4)提高所有施工人员的安全意识,加强安全教育,使每个施工者熟悉各项安全规定和作业规程。使职工牢固树立"安全第一、预防为主"的思想,顺利完成施工生产任务。

5)施工中注重防高空坠落、防触电、防车辆伤害、防机械伤害、防物体打击、防坍塌。按规定佩戴安全帽、安全带等安全防护用具,否则不准进行相关作业。施工现场设立安全标志。危险地区悬挂"危险"或者"禁止通行"或者"严禁烟火"等标志,夜间设红灯示警。如遇雷雨、大风或其他情况威胁到施工人员的安全时,施工负责人可决定暂停施工。

6)悬空高处作业人员必须系好安全带,高处作业点的下方必须设安全网。安全带、安全网质量由专人检查使用。所有在高处工作的起重工、电焊工、墩台作业人员等均符合高处作业人员的健康规定。

7)照明电线绝缘良好,导线不得随地拖拉或绑在脚手架上。照明灯具的金属外壳必须接零。室外照明灯具距离地面不低于 3 m，室内距离地面不低于 2.4 m。使用 BD 型标准电箱，电箱内开关电器必须完整无损，接线正确，电箱内设置漏电保护器，选用合理的额定漏电动作电流进行分级匹配。配电箱设总熔丝、分开关，动力和照明分别设置。金属外壳电箱作接地或接零保护。开关箱与用电设备实行一机一闸保险。同一移动开关箱严禁有 380 V 和 220 V 两种电压等级。

8)架空线必须设在专用电杆(水泥杆、木杆)上，严禁架设在树或脚手架上，架空线装设横担和绝缘子。架空线距离地面 4 m 以上，距机动车道为 6 m 以上。接地采用角钢、圆钢或钢管，其截面尺寸不小于 48 mm²，一组两根接地之间间距不小于 2.5 m，接地电阻符合规定，电杆转角杆，终端杆及总箱，分配电箱必须有重复接地。

9)按照规定配备消防器材，并定期检查。经常开展以防火、防盗、防爆为中心的安全大检查，堵塞漏洞，发现隐患及时整改，采取相应的临时措施。重点部位如仓库、木工间配置相应消防器材，一般部位如宿舍、食堂等处设常规消防器材。

10)施工用机械设备及时保养，发电机、油库等分别设置临时工作间，杜绝机械设备事故、火灾事故的发生。

11)施工场地及施工机具的设置与堆放，首先考虑防汛要求，在防洪区域内施工，同当地防汛项目经理部门及时联系，积极听取天气预报情况，合理安排或调整工期，做到既满足工期要求，又满足度汛目的。

(2)施工防汛的安全措施。

1)本地区降雨多集中 7、8 月份，在这个季节，古城子河桥施工要注意防雨防汛。

2)在项目经理部成立施工防汛领导小组，严格分工，明确责任；储备足够的防洪物资，制定可行的防汛措施。度汛期间对参加施工的全员进行教育，从思想上和物资上做准备，万一有洪灾发生，全员皆兵。

3)施工前与地方政府防汛项目经理部和河道管理部门联系，调查有关河道历史洪水位和当年防汛工作安排。

4)同所在地区管理部门建立联系，注意汛期洪水的来临规律、走向情况，必要时对小型河流做适当改移。在施工前制定切实可行的度汛方案，利用非度汛期安排水中基础和主跨梁的架设工序。对必须度汛的施工工序由项目经理部指派专人负责防汛工作，落实防汛物质和人员的配备工作。

5)开展防洪大检查工作，认真执行雨季和雨后两次检查制度。

(3)劳动安全保证措施。注重防高空坠落、防触电、防车辆伤害、防机械伤害、防物体打击、防坍塌。措施是强化四项管理，即强化特殊工种管理，持证上岗；强化临时用电管理，规范配电箱的制作与使用，强制推行漏电保护器的安装与使用；强化施工安全防护用品的管理与使用，对使用的特殊防护用品(如安全帽、安全带、安全网、绝缘鞋等)实行四统一管理，即统一标准，统一计划，统一采购，统一发放；强化施工机械设备的管理，做到机械设备状态完好，不带病运转，制定详细的操作规程，禁止违章操作。

(4)防火灾措施。

1)同当地消防部门联系,使其明确了解驻地施工现场位置及布置,以备不测,同时征求他们对施工现场防火设备布置的意见,提高防火能力。

2)对易燃易爆物品的运输、贮存和使用制定严格的规章制度和安全防范措施,非专业人员不得接触此类物品,防止发生人为事故。

3)生活区及工地机电设施,须设置接地避雷击装置,防止雷击引发火灾。

4)定期由安全部门对职工进行防火教育,杜绝职工使用电炉、乱扔烟头等不良习惯。

5)安全部门定期组织防火安全检查,及时消除火灾隐患。

施工安全技术组织措施

子任务四　编制施工环境技术组织措施

随着社会的进步、经济的迅速发展，施工环境的保护显得越来越重要。工程项目施工阶段，往往会进行大量的土石方工程，极大地改变了原有环境稳定的自然形态。控制施工现场的各种粉尘、废水、废气、固体废弃物、噪声、振动等对环境的污染和危害，成为安全施工、文明施工的重要内容。

一、施工环境保护的意义

(1)施工环境保护是保证人民身体健康和体现社会文明进步的需要。采取专项措施防止粉尘、噪声和水源污染，保护好施工现场和周边环境，是保证施工人员和周边居民身体健康、展现以人为本和社会文明进步的具体体现。

(2)施工环境保护是现代化生产的客观要求。现代化施工生产广泛采用的新技术、新工艺、新设备，对环境的质量要求很高，尤其是一些精密仪器。超标的粉尘、振动都有可能损坏设备，影响其使用效率。

(3)施工环境保护是消除外部干扰和保证施工顺利进行的需要。随着人们法制观念和自我保护意义的增强，施工扰民问题的反映越来越强烈。减少施工对环境的污染和对居民正常生活的干扰，不但可以减少由于施工引起的与当地居民的矛盾，同时，也保证了施工生产的顺利进行。

(4)节约能源、保护人类生存环境，是保证社会与企业可持续发展的必然要求。现代社会化大生产在给人们带来诸多方便的同时，环境污染和能源紧缺等问题也突显出来。"可持续发展和环境保护"是 21 世纪的主题，保护自然环境是社会和企业的责任与义务，同时，也有利于社会和企业的可持续发展。

二、施工环境技术组织措施内容

为了保护和改善生活环境与生态环境，防止由于建筑施工造成的作业污染和扰民，保障建筑工地附近居民和施工人员的身体健康，施工单位应努力做好环境保护工作。

(1)规范施工现场的场容，保持作业环境的整洁卫生。

(2)减少工程施工对周围居民环境的破坏影响。

(3)组织落实各种环境保护管理制度。

(4)妥善处置施工现场的固体废弃物。

(5)严格控制强噪声作业时间。

(6)严格控制人为噪声，如无故甩打模板、高声使用喇叭等。

(7)及时处理施工废水、废油污染等。

三、本项目施工环境技术组织措施

1. 文明施工

文明施工涉及人民群众的切身利益，同时也是企业取信于民、维护企业声誉的大事。我公司将严格按照"集中施工、快速施工、文明施工"的十二字方针，结合我公司在工程施工中取得的经验，精心组织、合理安排施工。

(1)文明施工目标。在项目经理部的领导下，全体员工齐心协力，争创"文明标准工地"。

(2)文明施工措施。

1)组织机构。成立"文明施工"领导小组，全面开展创建文明工地活动，按照批准的施工组织设计的总平面布置图进行施工场地布置，生活和生产设施规划布局经济合理，方便施工，并符合消防、环保和卫生要求，及时完成场地排水和四通一平工作。

2)现场管理。施工现场管理是施工生产的核心，文明施工直接影响企业的形象。从工程上场开始，就把文明施工当作一件大事来抓，强化施工现场管理。施工场内的所有物品严格按照施工现场平面布置定位放置，做到图物相吻合。根据工程进展，适时地对施工现场进行整理和整顿，或进行必要的调整。

①作业区管理。

a.根据实施性施工组织设计、绘制施工组织网络图、现场总体平面布置图，并做到科学、合理，满足现场施工要求。

b.主要规章制度及施工总体平面布置图、施工组织网络图、施工进度图等张挂上墙，各种图表标注规范、醒目。主要规章制度包括施工质量控制制度、施工安全制度、岗位职责、现场管理制度等。

c.各种公告牌、标志牌内容齐全，式样规范，位置醒目。施工现场主要入口设置简朴规整的大门，门旁设立明显的标牌，如工程概况牌、安全生产牌、文明施工牌、组织网络牌、消防保卫牌、施工平面图等。

d.水泥混凝土拌合站设置标有混凝土理论配合比、施工配合比、每盘混凝土各种材料用量、外加剂名称及用量、坍落度等内容的公告牌。各类公告牌、标志牌包括施工公告牌、指路标志、减速标志、危险标志、安全标志等。

c.建立文明施工责任区，划分区域，明确管理人，实行挂牌制，做到现场清洁整齐；食堂卫生符合卫生标准。

②现场物资管理。

a.现场物资材料供应按计划进场，既保证施工生产使用又避免因进料过多而造成无处堆放。

b.对进入现场的物资材料应分类，堆放应整齐有序，部分采取搭盖顶棚或覆盖措施。

c.砂浆、混凝土在搅拌、运输、使用过程中，做到不洒、不漏、不剩。

d.对成品进行严格的保护措施，严禁污染损坏成品。

③现场机械管理。

a. 现场使用的机械设备,按平面布置规划固定存放,遵守机械安全规程,保持机身及周围环境的清洁;机械的标记、编号明显,安全装置可靠。

b. 清洗机械排出的污水设有排放措施,不得随地流淌。

c. 在使用的搅拌机、砂浆机等旁设沉淀池,不得将水直接排入沟渠。

d. 确保装运建筑材料、土石方、建筑垃圾等的车辆,在行驶途中不污染道路和环境。

④办公、生活设施。办公室干净、卫生、整齐;职工宿舍做到通风、明亮、保暖、隔热,地面采用水泥砂浆铺地面砖。

职工食堂干净、卫生,锅台、锅灶用瓷砖贴面,食堂工作人员在上岗前到当地防疫部门进行健康检查,在取得健康合格证后上岗,操作时穿工作服、戴帽,食物容器上有生熟标记,餐具经过严格消毒。设置防蝇、防鼠措施,职工饮水桶加盖加锁。

⑤建设工地良好的文明氛围。

a. 对职工经常进行文明施工教育,建设一支高素质的职工队伍,提高文明施工措施。

b. 经常性地对职工进行职业理想、职业责任、职业纪律、职业技能为主要内容的职业道德教育,培养职工良好的职业道德。

c. 处理好与当地人民群众的关系,积极参与当地精神文明建设。

⑥现场安全、保卫、卫生。

a. 建立健全安全保卫制度,落实治安、防火工作。严格按照公安、消防部门的要求设置防火设施,定期对灭火器等消防设施进行检查,保证防火设施的使用功能。

b. 施工人员统一佩戴工作卡,做到持证上岗。

c. 进入现场施工人员一律戴安全帽,遵守现场的各项规章制度。

d. 经常对工人进行法纪和文明教育,严禁在施工现场打架斗殴及进行黄、赌、毒等非法活动。

e. 生活区内根据人员情况,设置厕所及淋浴室,并派人专门负责清洗,保证无异味、臭味。

2. 环境保护

(1)环境保护目标。严格执行"三同时"制度,采取有效措施控制污染,保护环境,符合国家、铁道部及地方政府有关环保的要求。坚持做到"少破坏、多保护,少污染、多防治",使环境保护监控项目与监控结果达到设计及有关规定,施工污水排放达标率100%;有毒烟尘浓度达标率100%;控制施工噪声达标率100%;控制施工固体废弃物排放达标率100%;施工临时占地恢复植被率100%。

(2)环境保护管理体系。根据施工对环境的特殊要求,项目经理部设环保工程师,负责本标段施工中的施工环保、生态环保工作。项目经理部、各项目队分级管理,负责检查、监督各工点环保工作的落实。并加强对施工人员的环保意识培训,使人人明确环保工作的重大意义,积极主动地参与环保工作,自觉遵守环保的各项规章制度,以确保制度能贯彻执行。

严格遵守国家和地方政府部门颁发的环境管理法律、法规和有关规定，在施工的全过程中，以预防为主，加强宣传，全面规划，合理布局，改进工艺，节约资源，为企业争取最佳经济效益和环境效益。

(3) 水污染控制措施。

1) 本标段工程可能产生的水污染原因有：车辆冲洗水、施工人员生活污水、雨季地表径流。

2) 施工材料如沥青、油料、化学品保存在合适的安全容器中，堆放场所远离民用水井及河流，防止暴雨冲刷而进入水体。

3) 桥梁施工过程中施工机械严格检查，防止油料泄漏。

4) 开挖或填筑的土质路基边坡应及时铺设草皮或其他类型的防护措施，防止雨季到来时对坡面的冲刷而造成对排水系统的影响，减少对附近水体的污染。

5) 绝对禁止施工人员向水中抛弃垃圾、排放废水、废油和冲洗物。

(4) 噪声控制措施。虽然本工程离附近居民远，施工噪声不影响其生活。但在施工中，还是要注意保养施工机械，加强施工机械各部分的润滑，使机械维持最低噪声水平。减少施工现场工程机械的走行距离，以便减少噪声污染，且运土车辆不得鸣笛。

施工环境技术组织措施

案例　某桥梁施工组织设计

一、工程概况和主要工程量

1. 工程概况

本合同段位于×××线 K1158～K1179 范围内部分桥梁，其中：

(1)中寨大桥结构形式为接长 3 m×16 m 预应力钢筋混凝土空心板，下部结构为桩柱式桥墩，肋板式桥台。加长完成后桥梁全长为 260 m，桥宽为净宽 11 m+2×0.5 m 防撞墙。

(2)K1161+609 小桥处原为 1.5 m 盖板涵，在"8.16"洪水中，盖板涵及两侧引道路基全部冲毁。结合实际情况，在此处增加 1～6 m 小桥。上部结构为现浇矩形板，下部结构为薄壁墙台身，桥宽为净宽 12 m+2×0.5 m 防撞墙。

(3)王家堡大桥桥址范围内原为路基，由于此段路基右侧迎水，路基标高较低，在近些年的洪水中多次被冲毁，为了彻底改善此段路基的迎水问题，在该段路基范围内新建 8×20 m 预应力钢筋混凝土板桥，全长为 169.73 m。桥宽为净 12 m+2×0.5 m 防撞墙，下部为桩柱式桥墩，U 型桥台及扩大基础。

2. 主要工程量

(1)中寨桥。

C15 混凝土：20.8 m³

C20 混凝土：8.5 m³

C25 混凝土：731.9 m³

C30 混凝土：127.9 m³

C40 混凝土：198 m³

C50 聚酯纤维混凝土：78.3 m³

HRB335 钢筋：　　52 500.14 kg

HPB300 钢筋：　　33 222.4 kg

(2)K1161+609 小桥。

C30 混凝土：153.24 m³

C20 片石混凝土：23.42 m³

HRB335 钢筋：　　6 470.77 kg

HPB300 钢筋：　　256.37 kg

(3)王家堡大桥。

C15 混凝土：43.5 m³

C20 混凝土：41.6 m³

C25 混凝土：401.4 m³

C30 混凝土：370.8 m³

C40 混凝土：806.3 m³

C50 聚酯纤维混凝土：310.1 m³

HRB335 钢筋： 237 629 kg

HPB300 钢筋： 39 625.6 kg

桥梁结构形式一览表(表 3.9)。

表 3.9 桥梁结构形式一览表

桥名	中心桩号	角度	长度/m	跨径/m	上部结构形式	下部结构形式	
						墩及基础	台及基础
王家堡大桥	K1178+850	0°	169.73	20	预应力混凝土空心板	桩式墩桩基础	U型桥台扩大基础
下寨子小桥	K1161+609	60°	7.0	7	现浇矩形板		轻型桥台扩大基础
中寨子中桥	K1158+573	0°	50.0	16	预应力混凝土空心板	桩式墩桩基础	肋板台桩基础

3. 自然条件

(1)工程地质、地震。

地震基本烈度为Ⅶ，地震冻峰值加速度为 0.1g。

(2)气候、气象、水文。

本施工区属于温带半湿润季风气候区，四季分明，夏季炎热，冬季寒冷。七月份平均气温为 20 ℃～25 ℃，最高气温为 37.2 ℃，一月份平均气温为 −15 ℃～−20 ℃，最低气温为 −37.6 ℃，年平均气温为 5 ℃～8 ℃。年降水量为 700～900 mm，主要集中在七八月份，降水量为 400～500 mm，占年降水量的 60%～70%，年蒸发量为 1 200 mm。年最大冻土深度 1.5 m。

(3)本区内河流、水库众多，水源充沛。

4. 技术标准

公路等级：国道；

设计速度：主线 70 km/h；

汽车荷载等级：公路—Ⅰ级；

桥梁宽度：13.0 m(中寨子桥 12 m 宽)；

设计洪水频率：王家堡大桥 1/100、下寨子小桥 1/50。

二、施工组织机构、施工进度计划

1. 总体思路

根据设计文件、业主要求及现场实际情况，确定了 3 座桥施工采用平行作业施工，将桥梁下部结构、小桥涵及预制场工作作为2013年的重点，保证工程质量和施工安全。控制总工期：K1161+609小桥2013年11月完成，王家堡大、中寨桥2013年6月末前完成。

2. 施工组织机构建立及施工队伍安排

(1)项目经理部组织机构。根据业主要求，为按期保质保量地完成本合同段的施工任务，我公司抽调了具有丰富工程施工经验、懂技术、会管理的人员成立了黑大线水毁恢复工程项目经理部。

项目经理部将设项目经理一名，负责整个合同段的施工和管理，另设项目总工程师一名，负责全标段的技术、质量等管理工作，同时下设四部二室三队，各负其责共同来完成的施工管理任务。

(2)项目经理部各部门职责分工。

1)财务部：负责财务管理、费用控制；

2)质量技术部：负责工程技术管理、计量、合同管理；负责工程质量检查及质量问题处理；

3)材料设备部：负责材料采购及现场管理和设备管理；

4)综合安全部：负责经理部的安全生产管理、后勤工作及对外协调工作；

5)试验室：负责工程的试验、检测工作；

6)测量室：负责控制测量、施工放样等测量工作；

7)钢筋作业队：负责标段内的钢筋加工、绑扎、焊接等工作；

8)模板、混凝土作业队：负责标段内模板、支架、混凝土等工作；

9)预制场作业队：负责标段内梁板预制、安装等工作。

3. 施工现场总平面布置

(1)施工场地布置原则。根据工程特点和总体施工安排，结合施工条件，本着少占农田、减少运距、混凝土集中搅拌的原则，按照安全生产、文明施工的要求布置，达到业主要求、满足环保和创建标准文明工地的要求，统一进行施工总平面布置。

根据业主要求及现场实际情况规划临时设施，尽量减少与道路和绿化作业对之间的干扰和交叉，合理安排各区域的施工顺序，确保施工安全、工程质量和施工进度。

(2)施工现场平面布置。根据施工需要，项目经理部设在王家堡大桥西侧，租赁一砖厂职工办公楼作为项目经理部办公及职工宿舍。

本标段梁板集中预制，预制场设在202国道北侧中寨子村一空地处，占地约15亩，满足施工需要。(详见预制场平面布置图)

本项目混凝土拌合站拟与抚顺公路建设集团有限公司合建，设在斗虎屯大桥东南侧。拌合站采用HZS50型拌合站一座，搅拌能力为50 m^3/h。并配有材料储存、材料加工和施工作业场地以满足各桥梁施工处及预制场施工所用。

4. 施工准备

(1)施工便道。本项目位于202国道干线上，为水毁恢复工程，施工过程不能中断交通，接到任务15 d内，在桥位处就近打通施工便道，便道宽度满足过往车辆通行及施工需要，设置硬围挡及安全标志保证过往车辆安全。待桥梁施工结束后,将便道拆除,恢复地貌原状。

(2)施工用水用电。

1)施工点用水就近抽取河水,经检验水质满足施工需要;预制场、拌合站就近打井抽水;生活用水采用井水。

2)施工电力的采用本着就近接入的原则进行,经实际调查,本合同段内有可供施工的外部电力线路,预制场及拌合站可从附近的电力线路的接入点各设置一台 200 kVA 变压器,以满足工程施工,各施工点用电采用发电机组发电。

(3)主要材料进场安排。根据业主要求,钢筋、水泥等主要材料由业主统一采购。其他材料严格按设计及规范要求采购,对于主要材料受施工方案影响设有特殊要求的,如颜色、材质等,我项目部将与业主和监理协商解决。

5. 工程总体进度计划安排

根据业主要求,结合工程特点和现场实际情况,我项目部工期计划安排如下:

工程计划控制总工期:2013 年 10 月 6 日开工—2014 年 6 月 30 日完工。

(1)下寨子小桥工程。

施工准备:2013 年 9 月 23 日—2013 年 10 月 5 日;

基础施工:2013 年 10 月 6 日—2013 年 10 月 7 日;

下部结构施工:2013 年 10 月 8 日—2013 年 10 月 16 日;

现浇板:2013 年 10 月 17 日—2013 年 10 月 31 日;

桥面系及附属工程施工:2013 年 11 月 1 日—2013 年 11 月 10 日。

(2)王家堡大、中寨子中桥工程。

施工准备:2013 年 9 月 23 日—2013 年 10 月 5 日;

基础施工:2013 年 10 月 6 日—2013 年 10 月 30 日;

下部结构施工:2013 年 10 月 20 日—2014 年 5 月 15 日;

预制梁板:2014 年 4 月 15 日—2014 年 5 月 31 日;

梁板安装:2014 年 5 月 16 日—2014 年 6 月 15 日;

桥面系及附属工程施工:2014 年 6 月 16 日—2014 年 6 月 30 日。

6. 主要劳动力需求表

由于该工程工期短,工程量大,工程地点分散,增加了施工的难度,为了保证工期,在施工中,只能采取平行作业方法,在劳动力配置上增加劳动力数量,提高劳动效率,保证工期。劳动力需求表见表 3.10。

表 3.10 主要材料需求表

工种	分部工程			
	基础	下部结构	上部结构	桥面系及附属工程
力工	20	20	25	20

续表

工种	分部工程			
模板工	10	15	20	
混凝土工	5	5	10	10
钢筋工	10	15	30	20
架子工		10	15	5
机械工	3	5	5	5
瓦工		20		
合计	48	90	105	60

7. 主要施工机械需求表

主要施工机械需求表见表 3.11。

表 3.11 主要施工机械需求表

序号	机械名称	单位	机械型号	数量	备注
1	挖掘机	台	CAT320	2	
2	铲车	台	ZL50	2	
3	起重汽车	台	QY25H	2	
4	钢筋调直机	台	JEC10	1	
5	钢筋切断机	台	GQ40	1	
6	钢筋弯曲机	台	GW40	1	
7	混凝土搅拌运输车	台	海诺	4	
8	振捣器	台		15	
9	振捣梁	台		1	
10	电焊机	台	BXI-160C	10	
11	空压机	台	BJ-100A	1	

8. 主要材料需求表

主要材料需求表见表 3.12。

表 3.12 主要材料需求表

序号	材料名称	单位	规格	数量	备注
1	HPB300 钢筋	t		121	
2	HRB335 钢筋	t		120	

续表

序号	材料名称	单位	规格	数量	备注
3	C15	m³		121.6	
4	C20	m³		55.5	
5	C25	m³		2 008.5	
6	C30	m³		950.7	
7	C40	m³		1 119.4	
8	C50	m³		410.6	

三、主要施工方案和施工方法

1. 主要施工方案

(1)桩基础采用冲击钻机成孔，汽车起重机安装钢筋骨架，利用导管灌注水下混凝土。

(2)圆柱墩采用定型钢模，肋板台及盖梁采用大块平模板拼装，利用钢脚手架搭设施工平台的方式施工。

(3)防撞墙采用定型钢模板，混凝土搅拌运输车运输混凝土，插入振捣器振捣。

(4)现浇钢筋混凝土板采用搭设满堂支架进行现场浇筑。

(5)桥面铺装采用混凝土运输车运输混凝土，振捣梁振捣。

(6)16 m、20 m空心板采用预制场集中预制，在预制场及存梁区，设20 m板张拉台6座；16 m板张拉台1座。空心板安装由平板拖车运输，采用大吨位汽车起重机安装形式。

(7)桥梁台后填透水性砾料，填料最大粒径为50 mm，分层填筑，松铺厚度小于150 mm。压路机压不到的地方应使用手扶式振动压路机压实。压实度不小于98%。

2. 主要施工方法

桥涵施工前应对全桥结构尺寸(包括梁板长、墩台身高度、宽度、盖梁和承台及背墙尺寸等)及墩台台帽顶面和承台顶面标高进行全面复核，若发现与实际情况不符，及时与设计代表及监理工程师联系，以便妥善处理。

(1)基础施工。本合同段桥梁基础主要是桩基础、扩大基础形式。

1)扩大基础。

①挖基。挖基采用挖掘机，配合人工。在基础开挖之前通知监理工程师，以便检查、测量基础平面位置和现有地面标高。在未完成检查测量及监理工程师批准之前不开挖。为便于开挖后的检查校核，将基础轴线控制桩延长至基坑外加以固定。开挖进行到图纸所示或监理工程师所指定的标高。最终的开挖深度要依设计期间所进行的钻探和土工试验，并结合基础开挖的实际调查资料来确定。在开挖的基坑经监理工程师检验批准后，浇筑混凝土或砌筑圬工。所有基础挖方都应始终保持良好的排水，在挖方的整个施工期间都不致遭受水的危害。

②基底检验。基坑开挖完毕，请监理工程师到现场监督检查，将检验情况填写地基检

验表，报请监理工程师复验批准，进行基础施工。基底检验内容：基底平面位置、尺寸和基底标高；基底地质情况和承载力是否与图纸相符；基底处理是否符合图纸和规范的要求。基底平面位置、尺寸和基底标高应符合设计要求。

③绑扎钢筋。按设计绑扎钢筋，并在靠近模板的钢筋上每 2 m 垫 3 cm 厚的素混凝土块，以便确保保护层厚度。

④支立模板。模板采用组合钢模板，保证结构的各部尺寸和形状的正确、表面平整、不漏浆。采用钢管做横肋，再用方木做竖向肋，用圆木支撑在竖方根部及中间部分，圆木的另一端支撑在基坑岩面上，竖方上端设置钢筋箍与基础网片有效焊接。斜向面板必须与基底网片拉紧，防止模板上浮。

⑤混凝土的拌制与运输。混凝土的拌制采用拌合站集中拌和，搅拌运输车送到现场，利用高差用溜槽浇筑混凝土。

⑥混凝土浇筑。混凝土按水平分层浇筑，同时避免两层混凝土表面间脱开。混凝土浇筑必须一次浇筑完成，超过允许的间断时间，采取保证质量的措施或按施工缝处理，并使监理工程师满意。混凝土初凝之后，模板不得振动，伸出的钢筋不得承受外力。

混凝土浇筑时均采用灰溜槽，灰溜槽与基底高度不大于 2 m，防止混凝土离析。落料厚度一般在 0.3~0.5 m。

⑦混凝土的振捣。所有混凝土，一经浇筑，立即进行全面的捣实，使之形成密实的均匀体。振动应保持足够的时间和强度，以彻底捣实混凝土，但时间不能持续太久，以免造成混凝土离析。不允许在模板内利用振捣器使混凝土长距离流动或运送混凝土。振捣时，避免振动棒碰撞模板、钢筋及其他构件，对已经捣实并初凝或经试验不能重塑的混凝土区段或层次，不得受到直接或间接的振动。振捣时还应注意漏振和过度振捣，采用正确的振捣工艺。

⑧混凝土的养护。混凝土浇筑结束后，覆盖草袋洒水养护 7 d，也可以直接向结构物上洒水。

2）钻孔灌注桩施工方法。

①施工放样及桩位的控制。对原桥各部位几何尺寸复测后，进行施工放样。为提高施工放样精度，将采用全站仪放样，待监理工程师审核批准后，方可开工实施。另外，控制点和临时水准点埋入地下的深度要超过 1.4 m，用混凝土浇筑固定并加以保护，施工过程中严禁在控制点桩位处取土及行车碰撞。

②平整场地。清除桩位处杂物，平整桩位处场地。

③埋设护筒。护筒采用钢板卷制，直径分别为 1.3 m、1.5 m（比桩径大 20 cm），护筒高为 1.5 m，壁厚为 5 mm。护筒埋设采用挖埋法，人工开挖护筒坑，坑深比护筒高度略浅，护筒坑直径一般比护筒直径大 40~50 cm，基坑挖掘完毕后坑底稍加整平，通过定位的控制桩拉线放样，把钻孔的中心位置标于坑底，人工配合汽车起重机安放护筒，用十字架找出护筒的圆心位置，移动护筒使其圆心与坑底的钻孔中心位置重合，并用水平尺校核垂直度，保证直立，其位置误差不超过 50 mm，竖直度不大于 1%。在护筒外四周对称均匀地

分层回填黏土，并对称分层夯实。回填夯实第一层土后，应检查护筒位置正确后，才可继续夯填。护筒埋设后其顶部应高出地面 30 cm。当护筒准备完毕后，应将孔位护桩中心标记在护筒上，以保证十字交叉时能恢复孔位中心。

④泥浆池准备。采用挖掘机在桩位旁桥内侧设置泥浆池，供冲击钻冲孔排渣用。挖出的土码放在泥浆池的周围人工做成拦水埂，用于存放钻孔排出的渣样和泥浆。用检验合格的黏土制备钻孔泥浆，钻孔泥浆不得污染地下水，在钻孔及灌孔的过程中不得从泥浆池中溢出污染周围环境。

⑤钻机施工。

a. 在埋好护筒和备足护壁泥浆黏土后，将钻机就位，此时应检查钻机钢缆绳与钻机和钻头连接是否牢固，若合格则定好钻架直到钻头中心与孔位中心在同一垂线上，然后对准孔中心准备冲孔。冲孔前的所有的工序应由现场监理进行旁站，且该程序应由质检员、现场工长配合测量人员进行仔细校核，并经监理检验合格，同意冲孔后再进行下道工序施工。

b. 冲孔。冲孔前向护筒内填加黏土，灌注清水造浆，如护筒内有水，可直接投入黏土。开钻时，应以小冲程冲孔，待冲孔深度超过钻头时再以正常冲程冲孔。在整个钻进过程中，及时向孔内注水，始终保持孔内水位高出地下水水位 1.5~2.0 m，并低于护筒顶面 0.3 m，以防溢出，同时经常添加黏土，孔内泥浆比重保持在 1.2~1.4。正常钻进时，在通过粉质黏土时，宜采用中冲程；在松软地层采用低冲程，并应提高泥浆的黏度和比重。

在冲孔过程中，应及时掏渣，经常提钻检查钻头损坏和磨损情况，若发生裂纹应及时修补，而刃脚磨损过大，则容易发生卡钻事故。同时检查孔的轴线偏位和倾斜度，发现问题及时纠正。钻孔过程中做好钻孔记录，并随时检查孔深、孔径、孔位偏差及孔位倾斜度，必须保证符合设计及规范要求。

⑥清孔。当钻孔达到设计规定深度后，检查孔的轴线偏位、孔深、孔径、倾斜度等各项指标，符合要求后立即进行清孔。清孔时，一边用掏渣筒向外掏渣，一边向孔内注入清水，水孔内水位始终保持在地下水水位以上 1.5~2.0 m，以防止钻孔塌陷。必要时进行二次清孔。清孔完毕，比重为 1.05~1.20，黏度为 17~20 Pa·s，含砂率≤4%。清孔后孔底沉积物厚度不大于 30 mm。

⑦钢筋骨架的制作和安装。

a. 钢筋骨架的制作在制作场地按施工图所示的尺寸施工，骨架分一节制作。

b. 骨架钢筋主筋长度不能满足设计长度，需要进行连接时，采用冷挤压套管方式进行，钢筋接头数量不能超过总量的 50%，且接头间距距离需大于 1.5 m。

c. 骨架运输采用汽车运至孔位场地。待清孔符合要求后将钢筋骨架用汽车起重机缓缓放入孔内。骨架起吊前，应在骨架内绑扎两根木杆，以加强其刚度。起吊时，先吊第一点，使骨架稍提起再与第二点同时起吊，待骨架离地后，第一点停止起吊；继续提升第二点，随二点不断上升，慢慢放松第一点，直至骨架垂直为止。解除第一吊点放入孔内，下降第二吊点时，逐渐解去木杆绑扎点，木杆就会自动浮上水面。同时用厚壁钢管穿过箍筋下方，将骨架临时支承在孔口。然后把吊钩移至骨架上部吊起骨架，取出临时支承，继续下降骨架，测量骨架标高符合要求后,把骨架用钢筋焊接在护筒上,以避免骨架上浮,松开吊点。

d. 骨架中心平面位置 20 mm;钢筋骨架底面标高误差±50 mm,骨架顶端高程±20 mm。

⑧灌注水下混凝土。首先安装导管,采用直径为 30 cm 的钢导管。导管吊装前应试拼,接口连接严密、牢固。吊装时导管位于孔中心缓慢下放,导管下口至孔底距离为 25~40 cm。

配制混凝土的材料为普通硅酸盐 42.5R 水泥、碎石(最大粒径为 4 cm)、中砂,混凝土的含砂率为 45%,水胶比为 0.55,坍落度为 18~22 cm。混凝土的配合比由中心试验室试验得出,并经监理工程师批准。

混凝土采用混凝土拌合站拌和,混凝土拌合车运输,汽车起重机灌水下混凝土。首批混凝土灌注开始后要紧凑、连续地进行,并且控制导管埋入混凝土的深度,导管下口至孔底的距离一般为 25~40 cm。灌注时,应保证首批灌注的混凝土量埋过导管 1.0 m 以上。在灌注过程中应保持水头高度,及时测量混凝土面高度,提升导管,保证导管埋深在 2.0~4.0 m,导管最小埋深不得小于 2.0 m,最大埋深不得大于 6.0 m。为防止钢筋骨架上浮,当灌注的混凝土顶面距离钢筋骨架底部 1 m 左右时,应降低混凝土的灌注速度。当混凝土拌和物上升到骨架低口 4 m 以上时,提升导管,使其底口高于骨架底部 2 m 以上,即可恢复正常灌注速度。在灌注过程中,应将孔内溢出的泥浆引流到适当地点处理,不允许污染环境和农田。为确保桩顶混凝土质量,灌注的桩顶标高比设计标高高出 0.5~1.0 m,待混凝土达到强度后,开挖基坑,露出桩头,凿除桩头混凝土,平直钢筋,经无损检桩后进行承台或墩台身施工。当气温低于 0 ℃时,灌注混凝土应采取覆盖保温措施,强度未达到设计强度等级 50%的桩顶混凝土不得受冻。

⑨拔出护筒。混凝土浇筑完成,待基桩混凝土开始初凝前拔出护筒,并对现场进行清理,对排出的泥浆进行统一排放或人工清理,并对泥浆池周围做好安全保护标志。

⑩钢筋骨架的制作和安装。钢筋骨架的制作在制作场地按施工图所示的尺寸施工,骨架分一节制作。骨架运输采用汽车运至孔位场地,起吊用 25 t 汽车起重机。待挖孔符合要求后将钢筋骨架用汽车起重机缓缓放入孔内。骨架起吊前,应在骨架内绑扎两根木杆,以加强其刚度。起吊时,先吊第一点,使骨架稍提起再与第二点同时起吊,待骨架离地后,第一点停止起吊,继续提升第二点,随第二点不断上升,慢慢放松第一点,直至骨架垂直为止。解除第一吊点放入孔内,下降第二吊点时,逐渐解去木杆绑扎点,木杆就会自动浮上水面。同时用厚壁钢管穿过箍筋下方,将骨架临时支承在孔口。然后把吊钩移至骨架上部吊起骨架,取出临时支承,继续下降骨架,测量骨架标高符合要求后,把骨架用钢筋焊接在护筒上,以避免骨架上浮,松开吊点。

骨架中心平面位置 20 mm;钢筋骨架底面标高误差±50 mm,骨架顶端高程±20 mm。

⑪混凝土浇筑。配制混凝土的材料为普通硅酸盐 42.5R 水泥、碎石(最大粒径为 4 cm)、中砂,混凝土的含砂率为 45%,水胶比为 0.55,坍落度为 18~22 cm。混凝土的配合比由中心试验室试验得出,并经监理工程师批准。混凝土采用混凝土拌合站拌和,混凝土拌合车运输,汽车起重机灌注混凝土。

a. 当孔内无水或自孔底及孔壁渗入的地下水,其上升速度较小(6 mm/min 不大于此值)时,可采用自然灌注混凝土的方法,因混凝土下落高度超过 2 m,故可利用导管引导混凝土下落。导管的位置应对准孔中心,开始灌注混凝土时,孔底积水不应超过 50 mm,灌注的速度应尽可能加快,使混凝土对孔壁的侧压力尽快大于渗水压力,以防水渗入孔内。用导管法灌注,桩顶对以下的混凝土可利用其自由坠落捣实,但 2 m 以上的混凝土必须用振捣器捣实。混凝土浇筑应保持连续一次浇注完毕,若浇筑中途中断出现施工缝,应设置上下连接钢筋,连接钢筋的截面面积可按桩截面面积的 1% 配置,继续浇筑时应将施工缝处混凝土表面冲洗干净。

b. 当自孔底及孔壁渗入的地下水,其上升速度较大(6 mm/min)时,应采用水下混凝土灌注方法,按水下混凝土灌注前,保持孔内水位至少与孔外地下水水位同高。灌注水下混凝土,首先安装导管,采用直径为 30 cm 的钢导管。导管吊装前应试拼,接口连接严密、牢固。吊装时导管位于孔中心缓慢下放,导管下口至孔底距离为 25~40 cm。首批混凝土灌注开始后要紧凑、连续地进行,并且控制导管埋入混凝土的深度,导管下口至孔底的距离一般为 25~40 cm。灌注时,应保证首批灌注的混凝土量埋过导管 1.0 m 以上。在灌注过程中应保持水头高度,及时测量混凝土面高度,提升导管,保证导管埋深在 2.0~4.0 m,导管最小埋深不得小于 2.0 m,最大埋深不得大于 6.0 m。为防止钢筋骨架上浮,当灌注的混凝土顶面距离钢筋骨架底部 1 m 左右时,应降低混凝土的灌注速度。当混凝土拌合物上升到骨架低口 4 m 以上时,提升导管,使其底口高于骨架底部 2 m 以上,即可恢复正常灌注速度。在灌注过程中,应将孔内溢出的泥浆引流到适当地点处理,不允许污染环境和农田。为确保桩顶混凝土质量,灌注的桩顶标高比设计标高高出 0.5~1.0 m,待混凝土强度达到强度后,开挖基坑,露出桩头,凿除桩头混凝土,平直钢筋,经无损检桩后进行承台或墩台身施工。

(2)桥梁下部施工。墩(台)身。本合同段墩(台)身类型主要为桩柱式桥墩、肋板式桥台、U 型桥台。

在施工时,墩(台)身钢筋与基础钢筋的预留连接,保证搭接长度及施工规范要求,接槎处按施工缝处理。墩身钢筋与基础钢筋采用焊接连接,墩柱主筋采用焊接。墩身模板采用整体钢模板,墩身模板支立时固定牢固,用多个手拉葫芦从四周及封底混凝土和系梁的预埋件处对拉固定,认真检查模板尺寸垂直度、钢筋保护层厚度、钢筋绑扎尺寸及涂刷隔离剂等,经监理工程师检查合格后,方可灌注墩身混凝土,按 300 mm 高分层浇筑,利用汽车起重机进行混凝土浇筑施工,混凝土一次浇筑成型。混凝土强度达到设计强度后,可以拆除钢模板。

墩(台)身采用厂制定型大块钢模板,矮墩采用一次组模,一次浇注混凝土。

钢筋在加工厂进行加工,现场绑扎。混凝土集中供应,由混凝土输送车运输,输送泵或输送泵车泵送入模,一次浇筑成型。无纺土工布覆盖加隔水塑料薄膜保温、保湿法养生。

墩身混凝土属于大体积混凝土,施工中要采取可靠措施降低水化热,控制混凝土裂缝。
1)墩身施工工艺流程图如图 3.44 所示。
①模板工程。墩身采用桁架式整体钢模,由具有专业资质的厂家制作,以保证加工精度。

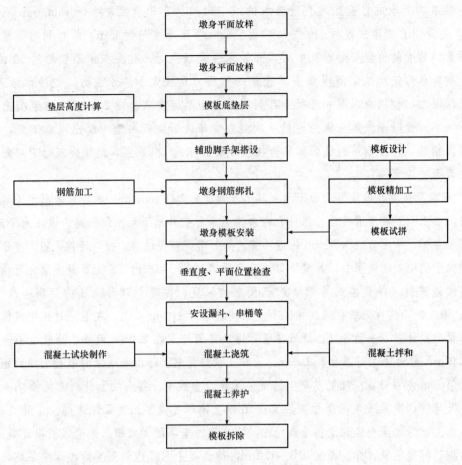

图 3.44 墩身施工工艺流程图

混凝土浇筑前，依据墩身模板结构尺寸在承台上预埋型钢铁件。模板采用汽车运输至墩位附近，现场拼装成整体，安装桁架支撑，采用 QY25 汽车起重机整体吊装就位，与基础预埋型钢连接固定。

模板整体拼装时要求错台＜1 mm，拼缝＜1 mm。安装时，用缆风绳将钢模板固定，利用经纬仪校正钢模板两垂直方向倾斜度。

②钢筋工程。钢筋在加工场按设计图纸集中下料、分型号、规格堆码、编号，用平板车运到现场，在桥墩钢筋骨架定位模具上绑扎。

结构主筋接头采用直筒螺纹连接，主筋与箍筋之间采用扎丝进行绑扎。绑扎或焊接的钢筋网和钢筋骨架不得有变形、松脱现象。混凝土垫块采用高聚酯 UPVC 垫块。

③混凝土浇筑。混凝土采用集中拌和，混凝土输送车运输，输送泵或泵车泵送入模，分层浇筑，连续进行，插入式振捣器捣固。

a. 混凝土浇筑前，将基础与墩身接头处混凝土进行凿毛，清除浮浆及松动部分，冲洗干净，并整修连接钢筋。

b. 浇筑时在墩身整个平截面内对称水平分层进行，浇筑层厚控制在 30 cm 以内，同时注意纠正预埋铁件的偏差，保证混凝土密实和表面光滑整齐，无垫块痕迹。

c. 混凝土浇至支座垫石顶面时注意抹平压实，并特别注意锚栓孔的预留。如果支座高度与设计预留的高度有变化，则要注意根据支座中心处的梁底标高调整支座垫石的高度，支座垫石的标高按负公差控制。

d. 混凝土浇筑期间设专人看护模板，观察支架、模板、钢筋和预埋件等的稳固情况，发现松动、变形、移位时，须及时处理。

e. 墩台混凝土达到拆模强度后拆除模板，拆模时要轻敲轻打，以免损伤主体混凝土的棱角或在混凝土表面造成伤痕。

④混凝土养护。根据施工对象、环境、水泥品种、外加剂以及混凝土性能的不同提出具体的养护方案，各类混凝土结构的养护措施及养护时间遵守相关规范的规定。

当新浇结构物与流动水接触时，采取防水措施，保证混凝土在规定的养护期之内不受水的冲刷。

拆模后的混凝土立即使用保温保湿的无纺土工布覆盖，外贴隔水塑料薄膜，不间断养护，避免形成干湿循环，养护时间不少于 7 d。

养护期间混凝土强度未达到规定强度之前，不得承受外荷载。当混凝土强度满足拆模要求，且芯部混凝土与表层混凝土之间的温差、表层混凝土与环境之间的温差均≤15 ℃时，方可拆模。

2)一字形桥台施工工艺流程如下：

①支立模板。桥台模板采用大组合钢模板，模板由具有专业资质的厂家制作，以保证加工精度。施工时先支立内模，钢筋安装完后再安装外模。根据梁端线和梁缝准确定出胸墙位置，胸墙必须充分加固，保证其竖直。防止架梁时出现梁缝与设计相差较大，难以处理的情况。台身、台顶施工缝要严格按设计和规范进行，并做好施工缝处理。

②桥台钢筋。钢筋集中在钢筋棚内加工，现场绑扎焊接成型。依照设计及相关技术标准进行施工，严把质量关。

③浇筑混凝土。钢筋、模板经检查合格后，进行混凝土浇筑。混凝土的拌和、运输及浇筑方法同桥墩混凝土施工方法。拆模后及时进行养护。

(3)桥梁上部施工方案。本合同段中王家堡大桥上部结构为 20 m 预应力空心板；中寨子中桥上部结构为 16 m 预应力空心板；下寨子小桥上部结构为现浇钢筋混凝土矩形板。

钢筋混凝土矩形板施工。在满堂支架施工现浇混凝土箱梁时，支架的强度、刚度和稳定性以及基础的沉降量的大小直接影响混凝土浇筑的质量和安全。在施工时，对地基进行处理，按设计要求进行放样，画出用地界线。在两侧修筑排水沟，用于排除用地范围内积水和施工期间雨水。支架范围内地基分层夯实，其上填筑 30 cm 厚的砂粒，并用压路机压实，以防止支架沉陷，地基面筑成中拱型，并铺一层粗砂，以便排水。地基压实度必须达到 90% 以上，且必须进行承载力试验，确保承载力达到要求。

在处理完的地基上铺设枕木，用于支撑脚手架，并在枕木上安设支架底托。架支两侧宽出桥面各 70 cm 作为工作台，且高出桥面 1.2~1.5 cm，用于防护。

满堂支架间距纵向、横向均为 90 cm。由于梁端荷载较大。支架上端采用可调式顶托，用以调整支架和拆底模板，在顶托上横向铺设 10 cm×10 cm 木方，宽出桥底宽 50 cm，顺向铺设 4 cm×7 cm 木方，间距为 30 cm，再铺设连续箱梁底模板完成支架模板安装工作。为了支架结构稳定，在支架四周，顺横桥向用 $\phi 48$ 钢管设斜拉杆连接，角度为 $45°\sim 60°$。

施工时，支架的高度根据箱梁底面标高及地面标高进行试算，对于地面高差大的，要做成阶梯型，用砖砌成台阶人工夯实，以满足沉降量要求。

支架间距如图 3.45 所示。

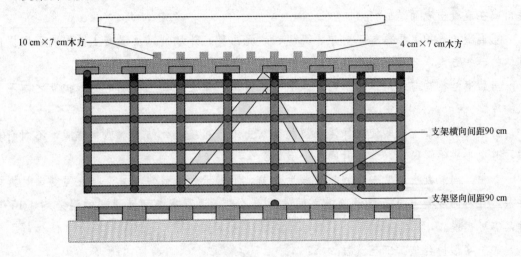

图 3.45　支架间距

1)模板制作及安装。

①本桥全部采用定型钢模板进行拼装，接缝内夹海绵胶条。模板外侧用钢丝拉纤调整柱体垂直后，四周用钢管加固。

②间隔缝处设置间隔缝模板并在底模或侧模留置孔洞，以便清除杂物。

③支立好后，校核轴线及垂直度，合格后再进行钢筋绑扎及混凝土浇筑。模板支立前涂刷脱模剂，拆模时不得硬砸硬撬，对拆下的模板重新清理并涂刷脱模剂。

2)钢筋制作安装。在钢筋绑扎时，保证其轴线正确，间距满足设计。钢筋按设计尺寸及要求在桥基地制成半成品，由汽车运入现场，汽车起重机配合人工绑扎成形。

①混凝土的拌制与运输。混凝土的拌制采用拌合站，由运输车送到现场，利用高差使用溜槽浇筑混凝土。

②混凝土的浇筑。混凝土按水平分层浇筑，同时避免两层混凝土表面间脱开。混凝土浇筑必须一次浇筑完成，超过允许的间断时间，采取保证质量的措施或按施工缝处理，并使监理工程师满意。混凝土初凝之后，模板不得振动，伸出的钢筋不得承受外力。

混凝土浇筑时均采用灰溜槽，灰溜槽与基底高度不大于 2 m，防止混凝土离析。落料厚度一般为 $0.3\sim 0.5$ m。

③混凝土的振捣。所有混凝土，一经浇筑，立即进行全面的捣实，使之形成密实的均匀

体。振动应保持足够的时间和强度，以彻底捣实混凝土，但时间不应持续过久，以免造成混凝土离析。不允许在模板内利用振捣器使混凝土长距离流动或运送混凝土。振捣时，避免振动棒碰撞模板、钢筋及其他构件，对已经捣实并初凝或经试验不能重塑的混凝土区段或层次，不得受到直接或间接的振动。振捣时还应注意漏振和过度振捣，采用正确的振捣工艺。

(4)先张法预应力空心板预制。

1)预制场建设。预制场建在距离斗虎屯大桥北侧 500 m 处，占地 15 亩，设置 20 m 空心板张拉线 6 条，16 m 张拉线 1 条，设两处空心板存放区、龙门架一座及试验室与办公室、宿舍区和钢筋作业区(附预制场平面布置图)。

2)先张法预应力空心板施工。

①张拉台制作。承力台座须具有足够的强度和刚度，抗倾覆系数不应小于 1.5，抗滑移系数不应小于 1.3。

先张梁台座采用现浇混凝土传力柱的形式。施工前将台座底面整体开挖，基底夯实，并铺填砂砾垫层。以防基底不均匀沉降，在砂砾垫层上现浇 C25 混凝土连系梁。然后在上面浇筑 C25 混凝土传力柱，两侧传力柱截面为 500 mm×600 mm、中间共用传力柱截面为 700 mm×600 mm，内配 4Φ16 螺纹钢筋及 Φ8 钢筋套，间距为 200 mm。

在两传力柱之间为底模部分，先在其内浇筑 20 cm 厚 C25 混凝土，其上在梁板底模位置两侧缩尺 8 cm 预埋 4 cm 高 Φ16 钢筋，以固定梁板底模角钢框。然后按比设计梁板宽度小 1 cm 的尺寸(考虑到施工中的实际因素)，即 0.98 m 和 0.985 m 焊接 5 cm×5 cm 角钢框，使其与 4 cm 高钢筋牢固焊接，在角钢框内按每道 50 cm 的间距焊接 Φ12 钢筋，形成横向钢筋网，角钢宽度必须严格控制，误差不得大于 2 mm。底模角钢框焊好之后，在上面浇筑比角钢框低 0.5 cm 的 C25 混凝土，待混凝土强度达 70%以上后，在其上铺设 $\delta=8$ mm 厚钢板底模，与预埋角钢焊接成一个整体以提高底板刚度，并且使预制出的梁板表面光洁，平整度好。

②钢绞线张拉。在张拉台上，铺设预应力钢绞线，在铺设时应在底模上面设隔离层，防止钢绞线与底模直接接触，沾上脱模剂，同时防止钢绞线在铺设时出现死弯或交织现象。预应力钢绞线定位采用在张拉横梁上事先利用机械钻成预留孔，孔直径比预应力钢绞线直径大 2 mm。其安装位置经测量确定，并使两端对应的预应力钢绞线轴线一致，严格保证预应力钢筋定位的准确，预应力钢筋布设时注意失效段塑料管的设置。

预应力钢绞线张拉根据设计要求进行单根张拉整体放张的方式，其张拉程序为：0→初拉力→$1.05\sigma_{con}$(持荷 2 min 锚固)→0→σ_{con}。(锚固)

张拉设备采用 25 t 千斤顶，张拉前应对千斤顶及油表进行检定，以确定张拉时各阶段应力的油表读数。严格张拉锚下控制力，张拉操作时采用控制吨位与延伸量双控，伸长量控制在 6%，且不允许断丝，若伸长量误差较大，需要分析、研究原因。张拉设备在使用前校准，千斤顶每使用 6 个月或 200 次校验一次，压力表每 2 个月校验一次。

为了避免台座承受过大偏心力，应先张拉靠近台座截面重心处的预应力钢绞线，即先拉中间的后拉两侧的，两侧应尽量对称进行，张拉完毕后宜静停 8 h，方可进入下道工序。

③钢筋绑扎。待钢绞线张拉完毕后按设计图纸绑扎钢筋骨架，钢筋的制作与加工在钢筋

作业棚中成型，成型好的钢筋分类堆放，作好标记，放在露天的钢筋还应做好防雨措施；施工前期明确施工图上各个单根钢筋的形状及细部尺寸，确定各类绑扎程序，钢筋接头采用绑扎搭接，绑扎搭接长度不得小于35d。同一截面接头不得大于50%，接头间距不得小于30d。搭接处应在中心和两端用钢丝扎牢；钢绞线在板中不得有接头，但两块板之间可用连接器连接；顶板钢筋绑扎在芯模安装后进行，绞缝筋在拆除侧模后，利用人工立刻掰出。

④模板支立。模板的尺寸应符合设计图纸。模板板面平整，接缝严密不露浆，具有足够的强度、刚度和稳定性，能可靠地承受施工过程中的可能产生的各种荷载，保证外型、尺寸准确。模板、钢筋的安装工作应配合进行，妨碍绑扎钢筋时，模板应待钢筋安装完毕后再进行安设。钢筋绑扎完成后，经监理工程师检查合格后方可进行混凝土浇筑。施工时在浇筑完底板混凝土后再安放芯模，芯模采用钢模。

⑤混凝土浇筑。混凝土采用混凝土拌合站集中拌和，混凝土运输采用小吨位自卸车运输，混凝土浇筑采用平板振捣器振底板、插入式振捣器振捣振实，移动间距不应超过振动器作用半径的1.5倍，与侧模保持50～100 mm的距离，插入下层混凝土50～100 mm。每振一处振动完毕后应边振边徐徐提出振动棒，应避免振动棒碰撞模板、钢筋，每一振动部位必须振动到该部位混凝土密实为止。密实的标志是混凝土停止下沉、不再冒出气泡、表面呈现平坦、泛浆，混凝土浇筑必须连续进行，如因故必须间断时，其间断时间应小于30 min。

芯模检查合格后继续浇筑两侧板、顶板混凝土，浇筑的顺序可按照先两端后中间进行，也可以从中间向两端进行，还可以由一端向另一端进行，具体可根据实际情况选定浇筑顺序。侧肋完成后浇筑顶板，注意放好预埋筋。浇筑两侧腹板时应对称进行，防止芯模偏位。施工时注意上部构造预埋钢筋(防撞墙、伸缩缝预埋钢筋等)的埋设。另应按设计要求预留锚栓孔。

⑥养护。混凝土浇筑结束后，要及时养护，采用蒸汽和喷淋养护方式。待梁体同条件试块抗压强度达到设计强度等级的50%时拆除芯模。

⑦放张。在混凝土龄期满10 d以上及混凝土达到设计强度的100%以上后，进行放张，放张采用千斤顶法放松，整体放张。放张后利用砂轮锯切断预应力钢绞线，禁止采用电弧切断。封头时注意预留泄水孔。板梁出窑存放时，重叠堆放不得超过2层。为避免预制板产生过大的预拱度，预制后存放时间不宜超过60 d。

⑧封梁头。空心板伸缩缝端与梁体整体浇筑C40混凝土，另一端封头待放张后，用红砖在空心板的一端砌隔墙(保证梁端封头混凝土空间)，然后用钢模板封住梁端，并利用梁顶板预留孔现浇C20混凝土封头，等到封头混凝土强度达到2.5 MPa时，拆除端模板；最后用无齿锯切割梁断头钢绞线，钢绞线断面要涂刷防锈漆。

(5)空心板安装安装。先张法预应力空心板安装

根据现场实际情况，梁板安装可采用平板汽车运输至安装孔，汽车起重机进行主梁安装。

1)准备工作：安装前，首先对构件的编号、预埋筋、梁端封锚等情况进行检验，合格后方可安装。主梁就位前支座安装完毕，主梁安装前，在各墩盖梁上依据施工图，测出纵横轴线及各梁支座的纵横轴线和梁板的侧边线、端线等，并用墨线打印清晰，以备梁板就位，同时进行水准测量复核，再复核垫石标高及平整度，如有超差及时处理。用环氧树脂

砂浆将支座水平粘在垫石上，要求垫石与支座的纵横中心线一一对应。在梁板端部及侧面，通过测量划出梁的对应支座位置的轴线。

2)运梁：将梁板从预制场用门架吊起，装入平板拖车运输到施工现场。

3)安梁：安装前应向起重班组认真交底，使每一个操作工人都做到心中有数。安装时应有专人指挥，要求梁端与搁置点尽量吻合，对于设有伸缩缝的位置应在伸缩缝端保证梁端齐平直顺。安装时注意梁的型号、外形尺寸等是否与设计一致，外观质量是否符合要求，支座安装是否正确稳定等。安装时逐孔安装梁板，置于临时支座上，成为简支状态，并及时进行横向连接。

4)箱梁架设就位：架设时应根据工期的安排控制好每一座桥的安装时间，保证连续架设。架桥机由一侧边梁向另一侧边梁顺序安装，并检查各支点支座是否与梁体着实。

(6)桥面施工。

1)将桥面杂物、混凝土浮浆、泥土、浮灰等杂物冲洗干净，以保证新老混凝土结合牢固。

2)浇筑铰缝混凝土前，必须采用钢丝刷清除结合面上的浮皮，并用高压水冲净。然后将铰缝预埋钢筋调整到正确位置，吊底模，用缝内吊钢丝挂PVC管方法固定底模，用M10水泥砂浆填底缝，绑扎铰缝钢筋，钢筋绑扎完成后，待砂浆强度达50%后方可浇筑铰缝混凝土。铰缝混凝土采用试验室配制的配合比，由搅拌站统一拌制，用混凝土运输车运输，汽车起重机配合人工进行浇筑混凝土，使用插入式振捣棒振捣密实，表面用木抹抹平，顶面略低于梁板顶面1~2 cm，以利于和桥面混凝土的连接和洒水养护。混凝土浇筑完成后立即用土工布覆盖，洒水养护7 d。施工时及时进行梁板之间联结钢板的施工，以保证梁板位置不移动。待其混凝土强度达到设计强度85%后，方可浇筑桥面混凝土。

3)待铰缝施工完毕后，对梁板顶面进行清理，清除表面浮渣、杂物。然后再绑扎桥面钢筋，测出桥面设计高程，按此高程设置定位钢筋，定位钢筋呈网状布置，网格尺寸为纵桥向4 m，横桥向3 m，将桥面网钢筋的位置调整准确之后浇筑桥面混凝土。

4)桥面钢筋采用制作场地加工制作，运至现场绑扎成型。

5)焊好标高定位钢筋，安放振捣梁滑轨及振捣梁，并调整位置。

6)混凝土由搅拌站集中搅拌，混凝土搅拌运输车运至施工现场，汽车起重机吊运混凝土至桥面浇筑。

7)桥面混凝土的施工采用"三振捣两除浆"的施工方法。混凝土在拌合站集中搅拌，由混凝土拌合车运输，并采用汽车起重机配合料斗在桥面上运送混凝土。浇筑混凝土时先用插入式振捣棒进行振捣密实后，人工辅助找平，再用平板振捣器进行二次振捣，最后用闪电式振捣梁进行振捣。桥面混凝土标高采用滑道控制，先测好桥面标高，滑道高度按桥面标高固定好，使振捣梁在滑道上滑动，振捣后用无齿耙将浮浆清除，之后再使滚杠在滑道上即在混凝土顶面往返滚动，直至无浆渗出，再次清理浮浆，最后人工抹平。混凝土初凝后用土工布覆盖，并用高压泵喷水雾养生，养生时间为7 d。浇筑桥面混凝土时应注意预留泄水管位置，有伸缩缝处应设预留槽。

(7)防撞墙、护栏施工。

1)防撞墙、护栏按孔一次浇筑成形。

2)钢筋在钢筋制作场地制作,运至现场绑扎成型;模板采用定型钢模板。

3)混凝土由拌合站集中拌和,混凝土搅拌运输车运至施工现场,人工倒入模内,振捣棒振捣。混凝土的浇筑要分层进行,第一次浇筑至斜坡面处,以利于混凝土内部气泡排出,第二次再浇筑至顶面。施工时要加强对混凝土的振捣,防止产生漏振或过振。搅拌混凝土要严格按施工配合比进行,确保混凝土的和易性,从而保证防撞墙混凝土的外观质量。施工中应注意在伸缩缝处及每跨跨中设置一道 4 cm 断缝。顶面外露部分混凝土根据测量标高线用铁抹子抹平、压光。

4)防撞墙施工时,应在泄水管口处放一个与泄水管大小、形状一样的倒梯形木板,预留安装孔。

5)伸缩缝断缝处应注意对防撞墙内隔板的加固,保证端缝直顺。

四、各分项工程的施工顺序

1. 钻孔灌注桩

平整场地→施工放样→埋设护筒→稳定钻机→挖泥浆池和排污池→钻孔至设计标高→检查桩长、桩径、地质情况是否与设计吻合→清孔→下钢筋骨架→下导管→水下混凝土灌注→制作混凝土试件→破桩头→做无破损检测及钻芯检验→合格后进行下道工序施工。

2. 承台

挖基及排水→放样→破桩头→绑扎钢筋→支立模板→混凝土拌制运输→浇筑混凝土→拆模、养护。

3. 墩台身

平整场地→支立脚手架→绑扎钢筋骨架→支立钢模板→校正位置及测量高程→混凝土浇筑→拆除模板、养护。

4. 盖梁

墩盖梁:安装工字钢梁托架及木方→铺底模→绑扎钢筋→支立侧模→浇筑盖梁混凝土→浇注支座垫石及挡块混凝土→养护→拆除侧模→拆除底模。

台盖梁:土方填至盖梁底标高→支立底模板→绑扎钢筋→支立侧模→浇筑盖梁混凝土→浇注支座垫石及挡块混凝土→养护→拆除侧模。

5. 先张法预应力空心板

预制场建设→校正底模→张拉钢绞线→绑扎钢筋骨架→支立侧、端模板→混凝土底板浇筑→安放芯模→绑扎顶板钢筋→侧、顶板浇筑→制备混凝土试件→养护→拆除芯模→拆除端、侧模→存放。

6. 空心板安装

盖梁混凝土强度达 100%→测量放样→粘支座→梁板检验→预制场龙门架吊装主梁入平板拖车→梁板运输→汽车起重机由外侧边梁起依次逐片安装→检查板与支座接触是否密实→进行下一孔主梁安装。

7. 桥面系

绑扎桥面钢筋→桥面混凝土浇筑→焊接绑扎防撞墙钢筋→支立防撞墙模板→护栏混凝

土浇筑→混凝土养护→拆除侧模。

五、施工保障措施

1. 施工准备阶段保障措施

接到施工任务后迅速组建项目经理部，由项目经理部具体策划施工队伍、机械设备进场选点，并配合发包人做好主要材料物资招标采购和地材的调查选购。组织清理工地范围内妨碍施工的各种构筑物、障碍物，为临时工程和主体工程施工创造条件。完成施工便道、供水、供电、通信、生产生活用房、交接桩和线路复测及控制测量、设计资料复核、各种混合材料配合比试验选择及进场材料试验等工作，创造施工条件。搞好充分、详细的施工现场调查，编制实施性施工组织设计等。

与地方政府密切接洽，建立良好关系，并通过各种渠道积极宣传修建月牙岛生态园的深远意义，从而赢得社会的理解、关注与支持。

2. 施工阶段保障措施

(1)科学组织施工，强化计划管理，明确阶段工期，运用网络计划技术，实施动态管理，及时调整各分项工程进度计划和生产要素，实现均衡高产，保证计划完成。

(2)建章立制，规范操作，实现工作、作业标准化。建立工程管理信息系统，全面收集质量、安全、进度、生产要素等各方面的信息，综合分析、判定施工运行状态，针对存在问题，采取有效措施，实现施工过程有序、可控。

(3)积极推行"四新"成果的应用，采用先进设备、先进技术，以科学的管理和技术手段加快施工进度。

(4)加强劳力、设备、材料等各项资源的合理调配与使用。设备定期维修保养，提高设备的完好率和利用率；及时、充分地供应材料，避免停工待料。

(5)每周召开施工调度例会，协调工作，超前布局谋划，强化监控落实，及时解决问题，避免耽搁延误。重点项目或工序采取垂直管理，减少中间环节，提高决策速度和工作效率。

3. 竣工验收阶段保障措施

(1)做好现场收尾清理工作，完善各种正式工程，清除临时工程，并做好临时工程占地的场地复耕。

(2)认真组织进行自检、自验，发现问题及时整改。

(3)整理、编制竣工验收资料，确保各种资料真实、可靠、签字手续齐全。

(4)参与业主统一组织的竣工验收，记录各种存在问题，并在指定期限内及时整改。

(5)积极做好综合调试和试运行阶段的配合服务工作。

(6)根据工作计划做好施工队伍、机械设备的有序撤场，妥善处理各种善后工作。

(7)完善竣工交接各种手续，并按要求对已完工程负责缺陷责任期内的维修保护。

六、施工安全保证措施

1. 安全目标

(1)安全目标。本标段工程我方制定"三杜绝、一消灭、一确保"安全生产，实现"四无""两控制"为安全生产目标。"三杜绝、一消灭、一确保"：即杜绝责任职工死亡事故；杜绝重大火灾、爆炸事故；杜绝锅炉压力容器爆炸事故；消灭职工（含民工）重大伤亡事故；确保铁路运输安全畅通和人民生命财产不受损害。"四无"：即无重大人身伤亡事故、无重大交通责任事故、无压力容器、无锅炉爆炸事故。"两控制"：职工重伤频率控制在0.6‰以下，轻伤频率控制在1.2‰以下。

(2)安全防范的重点。根据本工程的施工特点，安全防范重点有以下几个方面：

1)防止机械伤害、触电事故；

2)注意运输交通安全，防止交通伤害事故；

3)桥梁工程防止高空坠落事故；

4)路基施工中交通安全事故。

2. 安全保证体系及说明

(1)安全生产管理机构设置。为实现本工程的安全目标，项目经理部成立安全生产管理领导小组，作为本标段的安全生产管理机构。由项目经理任组长，项目副经理和总工程师任副组长，安全检查室和工程技术室的负责人及各项目队负责人任组员。在项目经理部、各项目队设置专职安全检查员，专职负责施工期间的安全检查监督工作。

(2)安全保证体系说明。我方将切实把确保行车安全放在首位，严格执行《中华人民共和国安全生产法》《建设工程安全管理细则》等关于施工安全文件的规定。按《招标文件》及业主有关要求，建立安全保证体系，健全施工安全责任制，在施工中落实各项安全措施，保证施工、职工人身、设备安全。

本标段安全保证体系主要由组织保证体系、施工保证体系和制度保证体系三部分组成。

1)组织保证体系：项目经理部安全领导小组对全标段建设项目安全负责，负责定期召开安全管理会议，检查督促各个施工段及项目队伍的安全管理措施的落实情况，处理安全管理中的问题。项目经理是整个施工标段安全管理工作的第一领导者和责任者，项目副经理是所分管区段的领导者和责任者，项目队长是本队施工项目的领导者和责任者，各级专职安全管理人员是本专业的责任者。为保证施工、职工人身、设备安全，我公司配备了足够的各级专职安全管理人员，层层负责，人人把关，建立本标段的安全组织机构，确立全员保安全的总体目标。

2)施工保证体系，主要从施工方案和技术措施方面做好施工安全的基础工作，针对本标段安全管理的难点和重点，制定出安全防范的措施，对重点部位关键环节，制定针对性的安全技术预案，超前控制，重点防范，在施工中进行监督和落实。保证日常工作及时发现问题、及时解决问题，将安全隐患提前消灭，从事故的源头方面加以控制。

3)制度保证体系，主要从实行安全岗位责任制和落实各项安全生产管理制度形成制度保证，建立健全以安全岗位责任制为重点的各项安全管理制度，遵循国务院有关劳动保护法律、法规；有关劳动保护条例。

(3)安全生产管理制度。为使安全保证体系能够顺利实施，针对在本标段的实际情况，制定以下安全生产管理制度。

1)安全奖罚制度。项目经理部每月召开一次安全总结大会，兑现安全责任状，对在安全生产中做出贡献及防止事故有功的人员进行奖励，对发现事故隐患的人员进行重奖，对造成事故的责任人进行处罚，并追究主管人员管理失职的连带责任。

2)安全教育制度。开工前，组织对项目施工人员及三员(安全员、防护员、爆破员)进行施工安全培训，并确保经培训合格的人员能够持证上岗。

对新职工贯彻经理部、施工公司、班(组)三级安全教育，经培训、考核合格后方可从事施工作业。

3)持证上岗制度。参加本工程的全体干部职工，特别是三新人员都要进行全面施工生产安全教育，通过全面的培训后持证上岗，提高所有干部职工的安全意识，牢固树立"安全第一，预防为主"的管理观、操作观和目标观。

4)安全技术制度。在施工前，做好充分准备，及时向设备管理单位进行技术交底，特别是影响安全的工程和隐蔽工程，施工中，要严格执行技术标准、作业标准、工艺流程，确保施工质量。

各分项、分部工程开工前，及时对操作职工进行全面的技术交底和施工安全防范交底，明确施工程序与施工时间，找出安全隐患，制定科学可行的施工安全防护保证措施，做到安全预控。要健全和落实好对挖方施工、脚手架施工、构配件吊装施工、模板吊装、拆卸施工、混凝土施工及各种设备操作、用电、防火等具有针对性的安全保证措施，使安全生产建立在科学的管理、先进的技术、可靠的防范基础上。

5)安全生产责任制度。结合本工程的特点，建立领导干部安全包保责任制和全员安全生产岗位责任制，明确责任，把安全生产落到每个人身上，落实到施工的前、中、后的各环节中，对施工的易发、多发部位和环节，明确落实干部逐级包保责任制。

6)工地安全生产例会制度。项目经理部每周召开一次施工生产交班会，主持责任人为项目经理，重点总结前一周的安全生产情况和安排下一周的施工安全注意事项。每月召开一次安全生产现场分析会，推广先进经验，总结安全问题，查找安全隐患，提高安全管理水平。施工队每天召开一次施工生产交班会，主持人为施工生产队长，传达项目经理部有关会议精神和文件，分析查找当前存在的问题，并对次日的施工生产安全提出新要求。

为确保安全保证体系的有效运行，施工中我公司将对以下对象的运行严格控制：施工现场的安全管理；施工现场的设施、设备安全状况；施工现场临时用电的安全管理；爆炸、火灾、危险品等隐患的安全管理。

(4)劳动安全保证措施。注重防高空坠落、防触电、防车辆伤害、防机械伤害、防物体打击、防坍塌。措施是强化四项管理，即强化特殊工种管理，持证上岗；强化临时用电管理，规范配电箱的制作与使用，强制推行漏电保护器的安装与使用；强化施工安全防护用品的管理与使用，对使用的特殊防护用品(如安全帽、安全带、安全网、绝缘鞋等)实行四统一管理，即统一标准，统一计划，统一采购，统一发放；强化施工机械设备的管理，做到机械设备状态完好，不带病运转，制定详细的操作规程，禁止违章操作。

(5)防火灾措施。

1)同当地消防部门联系，使其明确了解驻地施工现场位置及布置，以备不测，同时征求他们对施工现场防火设备布置的意见，提高防火能力。

2)对易燃易爆物品的运输,贮存和使用制订严格的规章制度和安全防范措施,非专业人员不得接触此类物品,防止发生人为事故。

3)生活区及工地机电设施,须设置接地避雷击装置,防止雷击引发火灾。

4)定期由安全部门对职工进行防火教育,杜绝职工使用电炉、乱扔烟头等不良习惯。

5)安全部门定期组织防火安全检查,及时消除火灾隐患。

七、文明施工、环境保护等措施

1. 文明施工

文明施工涉及人民群众的切身利益,同时也是企业取信于民、维护企业声誉的大事。我方将严格按照"集中施工、快速施工、文明施工"的十二字方针,结合我公司在工程施工中取得的经验,精心组织、合理安排施工。

(1)文明施工目标。在项目经理部的领导下,全体员工齐心协力,争创"文明标准工地"。

(2)文明施工措施。

1)组织机构。成立"文明施工"领导小组,全面开展创建文明工地活动,按批准的施工组织设计的总平面布置图进行施工场地布置,生活和生产设施规划布局经济合理,方便施工,并符合消防、环保和卫生要求,及时完成场地排水和四通一平工作。文明施工组织机构见"文明施工组织机构图"。

2)现场管理。施工现场管理是施工生产的核心,文明施工直接影响企业的形象。从工程上场开始,就把文明施工当作一件大事来抓,强化施工现场管理。施工场内的所有物品严格按施工现场平面布置定位放置,做到图物相吻合。根据工程进展,适时地对施工现场进行整理和整顿,或进行必要的调整。

①作业区管理。

a. 根据实施性施工组织设计、绘制施工组织网络图、现场总体平面布置图,并做到科学、合理,满足现场施工要求。

b. 主要规章制度及施工总体平面布置图、施工组织网络图、施工进度图等张挂上墙,各种图表标注规范、醒目。主要规章制度包括施工质量控制制度、施工安全制度、岗位职责、现场管理制度等。

c. 各种公告牌、标志牌内容齐全,式样规范,位置醒目。施工现场主要入口设置简朴规整的大门,门旁设立明显的标牌,如工程概况牌、安全生产牌、文明施工牌、组织网络牌、消防保卫牌、施工平面图等。

d. 水泥混凝土拌合站设置标有混凝土理论配合比、施工配合比、每盘混凝土各种材料用量、外加剂名称及用量、坍落度等内容的公告牌。各类公告牌、标志牌包括施工公告牌、指路标志、减速标志、危险标志、安全标志等。

e. 建立文明施工责任区,划分区域,明确管理人,实行挂牌制,做到现场清洁整齐;食堂卫生符合卫生标准。

②现场物资管理。

a. 现场物资材料供应按计划进场,既保证施工生产使用又避免因进料过多而造成无处堆放。

b. 对进入现场的物资材料应分类堆放整齐有序，部分采取搭盖顶棚或覆盖。

c. 砂浆、混凝土在搅拌、运输、使用过程中，做到不洒、不漏、不剩。

d. 对成品进行严格的保护措施，严禁污染损坏成品。

③现场机械管理。现场使用的机械设备，按平面布置规划固定存放，遵守机械安全规程，保持机身及周围环境的清洁；机械的标记、编号明显，安全装置可靠。

a. 清洗机械排出的污水设有排放措施，不得随地流淌。

b. 在使用的搅拌机、砂浆机等旁设沉淀池，不将水直接排入沟渠。

c. 确保装运建筑材料、土石方、建筑垃圾等的车辆，在行驶途中不污染道路和环境。

④办公、生活设施。办公室干净、卫生、整齐；职工宿舍做到通风、明亮、保暖、隔热，地面采用水泥砂浆铺地面砖。职工食堂干净、卫生，锅台、锅灶用瓷砖贴面，食堂工作人员在上岗前到当地防疫部门进行健康检查，在取得健康合格证后上岗，操作时穿工作服、戴帽子，食物容器上有生熟标记，餐具经过严格消毒。设置防蝇、防鼠措施，职工饮水桶加盖加锁。

⑤建设工地良好的文明氛围。

a. 对职工经常进行文明施工教育，建设一支高素质的职工队伍，提高文明施工措施。

b. 经常性地对职工进行职业理想、职业责任、职业纪律、职业技能为主要内容的职业道德教育，培养职工良好的职业道德。

c. 处理好与当地人民群众的关系，积极参与当地精神文明建设。

⑥现场安全、保卫、卫生。建立健全安全保卫制度，落实治安、防火工作。严格按照公安、消防部门的要求设置防火设施，定期对灭火器等消防设施进行检查，保证防火设施的使用功能。

a. 施工人员统一佩戴工作卡，做到持证上岗。

b. 进入现场施工人员一律戴安全帽，遵守现场的各项规章制度。

c. 经常对工人进行法纪和文明教育，严禁在施工现场打架斗殴及进行黄、赌、毒等非法活动。

d. 生活区内根据人员情况，设置厕所及淋浴室，并派人专门负责清洗，保证无异、臭味。

2. 环境保护

(1)环境保护目标。严格执行"三同时"制度，采取有效措施控制污染，保护环境，符合国家、铁道部及地方政府有关环保的要求。坚持做到"少破坏、多保护，少污染、多防治"，使环境保护监控项目与监控结果达到设计及有关规定，施工污水排放达标率100%；有毒烟尘浓度达标率100%；控制施工噪声达标率100%；控制施工固体废弃物排放达标率100%；施工临时占地恢复植被率100%。

(2)环境保护管理体系。根据施工对环境的特殊要求，项目经理部设环保工程师，负责本标段施工中的施工环保、生态环保工作。项目经理部、各项目队分级管理，负责检查、监督各工点环保工作的落实。并加强对施工人员的环保意识培训，使人人明确环保工作的重大意义，积极主动地参与环保工作，自觉遵守环保的各项规章制度，以确保制度能贯彻执行。

严格遵守国家和地方政府部门颁发的环境管理法律、法规和有关规定，在施工的全过程中,以预防为主,加强宣传,全面规划,合理布局,改进工艺,节约资源,为企业争取最佳经济效益和环境效益。

(3)水污染控制措施。

1)本标段工程可能产生的水污染原因有:车辆冲洗水、施工人员生活污水、雨季地表径流。

2)施工材料如沥青、油料、化学品保存在合适的安全容器中,堆放场所远离民用水井及河流,防止暴雨冲刷而进入水体。

3)桥梁施工过程中施工机械严格检查,防止油料泄漏。

4)开挖或填筑的土质路基边坡应及时铺设草皮或其他类型的防护措施,防止雨季到来时对坡面的冲刷而造成对排水系统的影响,减少对附近水体的污染。

5)绝对禁止施工人员向水中抛弃垃圾、排放废水、废油和冲洗物。

(4)噪声控制措施。

1)虽然本工程离附近居民较远,施工噪声不影响其生活。但在施工中,我部还是要注意保养施工机械,加强施工机械各部分的润滑,使机械维持最低噪声水平。

2)减少施工现场工程机械的走行距离,以便减少噪声污染,运土车辆不得鸣笛。

八、雨期施工质量保证技术措施

(1)路基工程在雨期施工时,应做好防洪、防水、排水工作,严禁在雨中或连绵雨天填筑非渗水土的路堤各部填层。雨期施工的每一压实层面均应做成2‰~3‰的横坡排水,路堤边坡应随时保持平整、不留凹坑。收工前必须将铺填的松土压实完,并且在坡面覆留排水槽,取土坑采取降水、排水措施,并随时检测土层含水量,对含水量超过规定范围的土,翻松晾晒,使之符合要求后,再进行填筑压实。路基填筑时,在两侧边坡每隔10 m修筑临时汇水槽至路基外排水沟,随填随修,确保雨季路基上的水从汇水槽中排出,避免雨水冲刷边坡。根据使用机具的性能和数量合理组织几个工点或几个工作面轮流作业,紧凑衔接,快速施工,不宜全面铺开。超前掌握天气预报,以便合理安排施工。

(2)混凝土、砌体工程施工时要超前预测一周内的天气变化和三天内天气情况,尽量避开雨天挖基及混凝土施工。在雨季进行基础施工时,提前设排水沟和集中井,备齐水泵,并在坑顶做好排水处理。雨季钢筋施工原材及半成品,已完成的钢筋结构物应覆盖,防止遇水锈蚀。水泥按根据施工进度计划合理安排水泥进量,并做到水泥到场进库进棚,不得被雨水浸湿,降低效能。

(3)雨季混凝土施工时应备足防雨材料,要及时测量砂石含水量,做好混凝土配合比的调整工作,以保证混凝土的质量。砂浆应少拌快用,防止雨水冲跑降低强度等级。混凝土和砂浆运输中要注意水胶比的变化。下雨时对刚浇筑未终凝的混凝土面和砂浆面用塑料布覆盖,待雨停后再进行正常养护。砌体施工,应边施工边覆盖,防止冲刷。雨期施工所有建筑用材料,不准堆放在河道内及沟槽内,对已完成的混凝土构造物应采取防护措施防止破坏。

(4)雨期施工要做好水土流失防护措施,做好可漂浮物的固定保护措施,做好施工残留物的清理工作,防止随雨水冲刷污染环境。对所有用电设备进行安全检查,落实防雨措施,对现场机械设备停放做出安排,确保施工不受雨患影响。及时掌握天气情况,与当地气象部门联系,提供30天天气情况预报,根据天气预报,及时调整施工计划。

雨季季节电缆过路处的回填状况要全面检查,进一步回填夯实,保证线路质量。加强光、电缆线路的巡回维护,防止光、电缆线路被雨水冲刷;光、电缆敷设后立即将接头用热缩管封死,起到防潮、防水的作用。

九、其他保证措施

1. 与建设单位、监理单位、当地政府等单位的配合措施

(1)与建设单位的配合措施。项目经理部积极做好与建设单位沟通,坚决服从建设单位的有关协调工作。在施工过程中,积极与建设单位配合,严格履行合同规定的各项权利和义务。

(2)与监理单位的配合措施。

1)项目经理部设置施工技术部和安全质量检查部统一协调配合监理各项工作,并处理好与监理工程师之间的关系。

2)按建设单位要求,配齐、配好监理工作、生活、交通所需的设施。

3)在工作中积极主动与监理工程师保持密切的联系,隐蔽工程经内部检查合格后,填写检查证,备齐有关附件后,按规定时间,通知监理工程师验收签证。

4)及时落实监理工程师下达的指令、通知,虚心接受监理工程师的检查,直至监理工程师满意为止。

(3)与设计单位的配合措施。

1)对施工之前和施工过程中发现的设计差、错、漏、碰等问题及时向建设单位、设计单位、监理单位汇报,经共同研究后,及时变更。

2)对于线路经过的地下管道、电缆、光缆,在施工时应随时与有关部门取得联系,及时探明准确位置,确保其完好无损。

(4)与质量监督部门的配合措施。

1)项目经理部统一协调与各级质量监督之间的关系,并积极配合各级质量监督部门的各项工作。

2)及时落实各级质量监督部门下达的指令、通知等,直至质量监督部门满意。

(5)与当地政府及沿线居民的配合措施。

1)处理好地方各级政府之间的关系,做好征地拆迁、临时用水、用电、道路、环保、复耕等各项工作,并尊重沿线居民的宗教信仰和生活习俗。

2)在施工的全过程中,尽可能利用当地的资源和材料,以提高人民的经济收入和生活水平。同时在条件许可的条件下,为当地居民做一些力所能及的事情。

2. 交通配合措施

工程正式开工前,对当地政府及相关各业务部门进行走访,就相关问题进行磋商,尽快同公路主管部门办理交通配合及道路改移相关事宜。争取得到当地政府及有关部门的大力支持,为顺利施工创造有利的外部环境。

参 考 文 献

[1] 高峰，张求书. 公路施工组织与管理[M]. 北京：北京理工大学出版社，2009.

[2] 张艳红. 公路施工组织与管理[M]. 北京：中国建材工业出版社，2018.

[3] 公路工程施工组织设计实例应用手册[M]. 北京：中国建筑工业出版社，2011.

[4] 中华人民共和国国家标准. JTG/T 3832—2018 公路工程预算定额[S]. 北京：人民交通出版社，2018.

[5] 中华人民共和国国家标准. 公路工程施工定额[S]. 北京：人民交通出版社，2009.

[6] 中华人民共和国国家标准. JTG B04—2010 公路环境保护设计规范[S]. 北京：人民交通出版社，2010.

[7] 中华人民共和国国家标准. JTG D40—2011 公路水泥混凝土路面设计规范[S]. 北京：人民交通出版社，2011.

[8] 中华人民共和国国家标准. JTG D50—2017 公路沥青路面设计规范[S]. 北京：人民交通出版社，2017.

[9] 中华人民共和国国家标准. JTG/T 3610—2019 公路路基施工技术规范[S]. 北京：人民交通出版社，2019.

[10] 中华人民共和国国家标准. JTG/T F20—2015 公路路面基层施工技术细则[S]. 北京：人民交通出版社，2015.

[11] 中华人民共和国国家标准. JTG/T F30—2014 公路水泥混凝土路面施工技术细则[S]. 北京：人民交通出版社，2014.

[12] 中华人民共和国国家标准. JTG F40—2004 公路沥青路面施工技术规范[S]. 北京：人民交通出版社，2004.

[13] 中华人民共和国国家标准. JTG/T F50—2011 公路桥涵施工技术规范[S]. 北京：人民交通出版社，2011.

[14] 中华人民共和国国家标准. GBT50502—2017 建筑施工组织设计规范[S]. 北京：中国建筑工业出版社，2017.